# Frédéric Gros

## A VERGONHA É UM SENTIMENTO REVOLUCIONÁRIO

tradução
**WALMIR GOIS**

Frédéric Gros

A VERGONHA
É UM SENTIMENTO
REVOLUCIONÁRIO

**7**
Introdução

**15**
A má reputação

**24**
Sociedades sem honra?

**33**
O desprezo social

**46**
Uma história de fantasmas

**61**
Melancolia

**70**
Fato social total: o
incesto, o estupro
(vergonha traumática)

**97**
Fundação sexual
da república

**107**
*Aidós*

**117**
O envergonhar filosófico

**124**
Futuro do pretérito

**137**
Vergonhas interseccionais

**148**
Vergonhas sistêmicas

**160**
A vergonha revolucionária

**173**
Sobre o autor

*A Michel Gardette*

# Introdução

Quando contei a um amigo a respeito de meu projeto de escrever um pequeno livro sobre a vergonha, ele me respondeu o seguinte: "Que ideia engraçada. Se fosse sobre a culpa, tudo bem: Dostoiévski, Kafka... Mas a vergonha...".

Hoje essa reação me surpreende, pois agora acredito que a vergonha seja uma experiência profunda, mais ampla, até mais complexa que a culpa, mobilizando múltiplas dimensões: moral, social, psicológica, política – tanto que me parece também que Kafka e Dostoiévski são, sobretudo, escritores da vergonha.

Em minha vida, acredito ter sido mais frequentemente atravessado pela vergonha do que pela culpa, tomei mais decisões curvando-me aos ditames da primeira do que às injunções da segunda.

Penso na passagem de Rousseau, nas *Confissões*, sobre o roubo de uma fita. Confissão difícil para o autor, que narra o episódio pela primeira e última vez em sua vida, como se decidisse expor uma ferida para depois recobri-la – ao menos aos olhos dos outros. Revelação dura, também, pois ele confessa ter deixado que uma jovem cozinheira fosse acusada do roubo, e com certeza ela pagou

## 8    Introdução

o preço por essa mentira – conseguimos imaginar o que seria para uma empregada, nessa época, ser demitida por roubo?

Vamos à história: uma fita cor-de-rosa e prateada, já envelhecida, e que era procurada há tempos, é encontrada com Rousseau. Gaguejando, balbuciando (pois é, de fato, o ladrão), ele acusa a jovem Marion de ter lhe dado a fita. Espanto: a jovem sempre fora sábia e leal. Organiza-se uma confrontação. O jovem Jean-Jacques mantém a acusação. Marion chora em silêncio e, é claro, se defende. Rousseau se mantém firme, reitera as acusações com um "descaramento infernal", prende-se à mentira como se sua própria sobrevivência estivesse em jogo.

Antes a culpa eterna, ou mesmo a morte, do que um breve instante cruel de desconforto. O medo da vergonha domina tudo. A força do texto não está em apresentar uma situação vergonhosa, mas em descrever o terror de um coração que, mais do que tudo no mundo, quer se salvar de um momento de nudez moral e da formidável resistência por ela engendrada.

Quando a vi aparecer logo em seguida, meu coração se despedaçou; mas a presença de tanta gente foi mais forte do que meu arrependimento. Pouco receava a punição, receava a vergonha; mas receava-a mais do que a morte, mais do que o crime, mais do que tudo no mundo. Teria querido desaparecer, afundar-me no centro da terra: a invencível vergonha tudo superou, a vergonha somente foi quem provocou minha imprudência; e quanto mais me tornava criminoso, tanto mais o medo de confessar me tornava atrevido. Não via senão o horror de ser reconhecido, publicamente declarado, estando eu presente, ladrão, mentiroso, caluniador. A perturbação geral tirava-me todo e qualquer outro sentimento.[1]

---

**1** Jean-Jacques Rousseau, *As confissões* [1782], trad. Wilson Lousada. Rio de Janeiro: Nova Fronteira, 2018.

**9**

Na verdade, a reação de meu amigo me encorajou. Me dei conta de que as bibliotecas estão cheias de volumes consagrados ao sentimento de culpa, mas de que há poucos dedicados à vergonha. Entretanto, cada disciplina tem o seu autor de referência sobre o tema, tratando-se sempre de um livro importante: Serge Tisseron na psicologia,[2] Vincent de Gaulejac na sociologia,[3] Didier Eribon na sociofilosofia,[4] Claude Janin na psicanálise,[5] Jean-Pierre Martin na crítica literária,[6] Ruwen Ogien na filosofia[7]...

Eu cheguei tarde.

No entanto, persisti. Além do mais, eu poderia partir de meus próprios sentimentos sem necessariamente os revelar, apoiar-me em impressões de leitura (James Baldwin, Annie Ernaux, Primo Levi, Simone Weil), convocar figuras femininas que passaram pela provação de serem humilhadas por homens: Lucrécia, Fedra, Bola de Sebo, Anna Kariênina, as operárias da Daewoo no relato de François Bon,[8] e muitas outras.

———

2  Serge Tisseron, *La Honte: Psychanalyse d'un lien social*. Paris: Dunod, 1992.

3  Vincent de Gaulejac, *Les Sources de la honte*. Paris: Seuil, 1996.

4  Didier Eribon, *Une Morale du minoritaire*. Paris: Flammarion, 2001.

5  Claude Janin, *La Honte, ses figures et ses destins*. Paris: PUF, 2007.

6  Jean-Pierre Martin, *La Honte: Réflexions sur la littérature*. Paris: Gallimard, 2017.

7  Ruwen Ogien, *La Honte est-elle immorale?* Paris: Bayard, 2002.

8  François Bon, *Daewoo*. Paris: Fayard, 2004.

## 10    Introdução

A vergonha é o maior afeto de nosso tempo, o significante das novas lutas. Não protestamos mais contra a injustiça, a arbitrariedade, a desigualdade. Gritamos contra a vergonha.

Janeiro de 2021, Paris. Olivier Duhamel, presidente da Fondation Nationale des Sciences Politiques [Fundação Nacional de Ciências Políticas] e professor da Sciences Po, é acusado por Camille Kouchner, sua enteada, de ter cometido sucessivos abusos sexuais contra o irmão gêmeo desta no fim dos anos 1980. O fato, narrado por Camille em seu livro *La familia grande*, já era de conhecimento de Frédéric Mion, então diretor da Sciences Po, desde 2019. Diante do escândalo que acometeu a instituição, estudantes se manifestaram e publicaram uma carta aberta intitulada "A vergonha" para exigir a demissão do diretor – Olivier Duhamel já havia se demitido ao saber da publicação iminente do livro.

Domingo, 6 de setembro de 2020, Bielorrússia. Nas ruas de Minsk, milhares de manifestantes protestam, bravejam contra o presidente Alexander Lukashenko: "Vergonha".

28 de fevereiro de 2020, Paris, sala Pleyel, 45ª cerimônia do prêmio César. Adèle Haenel deixa estrondosamente a sala durante o anúncio da indicação de Roman Polanski como melhor diretor, gritando: "Vergonha, vergonha, é vergonhoso".

Em janeiro de 2020, Jean Ziegler, antigo relator especial da ONU para o direito à alimentação, proclama, após uma visita ao campo de refugiados de Moria, na ilha de Lesbos, que aquela situação era "a vergonha da Europa".[9]

Para além desses fatos, uma nova linguagem surgiu para ilustrar novas militâncias, novas indignações: *flight shame*, *digital shame*, que alertam sobre o custo ambiental da aviação civil e da indústria da tecnologia.

---

**9**  Jean Ziegler, *Lesbos: La honte de l'Europe*. Paris: Seuil, 2020.

Há também três enunciados capitais, três injunções contemporâneas.

*"Não tenha vergonha de si mesmo!"* – É uma irrupção de raiva e de vida contra a vergonha-tristeza que envenena a existência, que contraria toda a confiança no outro, toda a alegria de viver, que restringe sua vítima ao silêncio doloroso, ao desprezo de si, que se nutre do ódio à diferença, da arrogância dos vencedores e da ignorância machista, e que cria obstáculos à resiliência.[10] Vergonha das discriminações e das estigmatizações. Um chamado à liberação da fala, à reapropriação afirmativa de si como forma de se desembaraçar. O mercado da autoestima e os *coaches* de desenvolvimento pessoal se multiplicam, vendendo técnicas de autoaceitação e superação da vergonha. Uma única regra: não deixe nada nem ninguém impedir você de ser quem é. Ame-se, tenha orgulho de quem você é (mas, para além das promessas, sem dúvida perdura a ferida das intimidades dilaceradas).

*"Que pouca vergonha!"* – É um grito de indignação dos moralistas, dos pedagogos, dos psiformadores.[11] A constatação é repetida mil vezes. Por toda parte reinam a exibição e a sem-vergonhice. Na escola, no trabalho, na rua, lamenta-se a ausência de limites e de escrúpulos, o desconhecimento das fronteiras da intimidade. As redes sociais se alimentam de uma autoexibição sem pudores. A estupidez e as grosserias se multiplicam.

Atualmente atravessamos uma crise da vergonha. A estupidez cresce, as ofensas prosperam, os comportamentos desavergonhados se multiplicam, a discrição, o pudor, a inibição e os escrúpulos já não são

---

**10**  Boris Cyrulnik, *Mourir de dire*. Paris: Odile Jacob, 2012

**11**  Cf., nesse sentido, Eric Bidaud e Cosimo Trono (orgs.), *Il n'y a plus de honte dans la culture*. Paris: Penta, 2010.

## 12  Introdução

uma escolha, principalmente na escola. Se há uma crise da escola, trata-se, inicialmente, de uma crise da vergonha.[12]

Clama-se pelo retorno da discrição, da contenção, do segredo. Sonha-se em regressar, sob a moral da culpa, às éticas antigas que encontravam na vergonha (*aidós*, pudor) um trampolim para a obediência política, um lema social, um princípio de estruturação anterior.

*"Não sou eu que devo ter vergonha!"* ou mesmo *"Que vergonha!"* – É um grito de raiva. Ele visa os carrascos, os estupradores, os incestuosos, mas também os políticos cínicos, os patrões corrompidos, os milionários insolentes. É ouvido nas manifestações, nos atos públicos de protesto. Nele encontramos toda uma dialética da raiva e da tristeza, todo um contágio da indignação, uma materialização da cólera coletiva. E a vergonha torna-se faísca, dinamite, explosiva.

———

Este livro é um complemento de *Desobedecer*,[13] sua continuação. Ali eu me perguntava qual a mola que propulsiona uma desobediência corajosa, apesar de nossos medos, condicionamentos e inércias – eu falava, é claro, de desobediências políticas (as revoltas contra leis injustas, a recusa da atual situação do mundo, os questionamentos pessoais etc.), e não de delinquência ou de grosserias. Eu defendia, situando-me sob a égide de Hannah Arendt, a responsabilidade, a conversão a si mesmo, a coerência com seus próprios princípios. Solução intelectualmente correta, mas que

———

**12**  Alain Finkielkraut e Gilles Hanus, "Il y a quelque chose à dire en faveur de la honte". *Cahiers d'Études Lévinassiennes*, n. 7, 2008, pp. 267-99.

**13**  Frédéric Gros, *Desobedecer*, trad. Célia Euvaldo. São Paulo: Ubu Editora, 2018.

deixava passar grandes e importantes motivos de revolta, que diminuía a potência da imaginação nas lutas. Ora, a vergonha funciona à base da imaginação. Ela é necessária para que haja "vergonha do mundo"[14] e para pensar que as coisas poderiam ser outras. Ela é necessária quando sentimos vergonha *pelo* outro, que pode ser o humilhado cabisbaixo – é *nele* que identificamos o sofrimento insuportável –,[15] mas que também pode ser aquele que humilha sem pudor, que nos obriga a ter vergonha *em seu lugar*, enquanto ele mesmo não sente nada.

Pessoalmente, eu me apego às pessoas nas quais consigo perceber pequenos constrangimentos, um pouco de incômodo, timidez – e é como se nesse defeito de segurança eu encontrasse uma base para construir uma amizade sólida. Instintivamente, eu não confiaria em quem afirma nunca ter sentido vergonha.

Ela me domina quando ouço notícias do mundo, intervenções de dirigentes políticos e discursos dos representantes do patronato.

O que nos dá força para desobedecer, para não nos resignarmos à realidade que se torna cada vez pior, para manter intacta a capacidade de revolta, é "a vergonha do mundo", para usar a expressão de Primo Levi. A vergonha é uma mistura de tristeza e raiva. Não a superamos, independentemente do que prometem os mercadores da alma: nós a transformamos em fúria.

---

**14** Primo Levi, *Os afogados e os sobreviventes*, trad. Luiz Sérgio Henriques. São Paulo: Paz e Terra, 2016.

**15** Jean-Jacques Rousseau, para insistir na dinâmica de descentramento nutrido pela imaginação quanto à piedade (a vergonha e a piedade são dois grandes afetos relacionais levados pela imaginação), escreveu em "Ensaio sobre a origem das línguas: em que se fala da melodia e da imitação musical" [1781] (in *Rousseau: escritos sobre a política e as artes*, trad. e org. Pedro Paulo Pimenta. São Paulo: Ubu Editora, 2020, p. 315): "não sofremos em nós, mas nele".

## 14 Introdução

Não, nunca superamos as vergonhas: nós as trabalhamos, elaboramos, subutilizamos, sublimamos.[16] Acabamos até, por vezes, fazendo delas alavancas, cúmplices, molas propulsoras. Nós as espremos, purificamos, a fim de eliminar o que elas podem conter de tristeza destrutiva, de desprezo de si, e mantemos apenas uma parte pura de fúria.

---

**16** Édouard Louis, em seus livros impactantes, nos limites *assumidos* da literatura, pode se apresentar como um escritor da vergonha, mas não apenas como um objeto, conteúdo: também como um recurso subjetivo *a partir do qual* ele escreve (cf. entrevista com Claire Devarrieux em *Libération*, 4 mai. 2018).

# A má reputação

Cena do jantar no filme *Uma mulher sob influência* (1974), de John Cassavetes. Nick é mestre de obras e comanda uma equipe de uma dezena de operários. Universo masculino: trabalho, suor, risadas. A amizade calejada do esforço partilhado. Nick os fez trabalhar por duas noites seguidas; estão esgotados. Ele telefona para sua mulher para cancelar, na véspera, uma noite romântica que estava marcada já fazia um bom tempo (sua sogra ficara com as crianças). Mabel é gentil e amável, porém nervosa, como se diz – um pouco *border-line*, incontrolável. Ele sabe disso, seus amigos também. Quando volta para casa, para oferecer a todos uma refeição como forma de agradecimento antes de dispensá-los, ele se pergunta em que estado vai encontrá-la – ela ainda está deitada, passou uma noite amarga e ele não faz ideia: saiu para beber sozinha, desesperada; encontrou um homem... Tristeza. Os operários chegam, pouco animados. Vamos comer na casa do patrão. Uma gigantesca panela de macarrão é preparada.

Mabel, recuperada de sua letargia, está sentada na ponta da mesa, de frente para esses homens. Com perguntas simples, ela dá início à primeira leva de constrangimentos sutis: "E você, quem é

## 16    A má reputação

você? Seu nome, como é?". Como se, surpresa, ela se descobrisse diante de um novo público. Cumprimentos um pouco fora de lugar, mas sua loucura graciosa, infeliz, acrescenta uma intensidade perturbadora. A situação se torna tão insuportável que um dos rapazes deixa seu prato cair acidentalmente. Constrangimento e risos, todos tentam manter a situação agradável na medida do possível, puxam uma canção. Mabel se levanta, tece elogios a outro rapaz, elogia sua inteligência, fica maravilhada com seu corpo. Eles se acariciam, a situação se torna insustentável. Até a ordem do chefe da casa: "Senta!", grito de raiva e de dominação. Fim de jogo. As cabeças se curvam, cada um se concentra em seu prato, o silêncio pesa toneladas, eles terminam rapidamente e se despedem ainda mais rápido. A vergonha está ali. Ela chegou devagar, como um véu opaco, uma asfixia que sufoca as gargantas. Ela cala as bocas, inquieta os olhares; estão todos fora de lugar, sem saber onde se enfiar.

———

"É uma vergonha!". Dizemos em francês: "*É uma vergonha!*" – não dizemos: "É uma culpa". A culpa é inseparável de um soçobro pessoal, cava em mim esse buraco de angústia que chamamos de "sujeito". *Eu* me sinto culpado. Sou eu que teço em mim uma teia de angústia, entre mim e mim mesmo a lâmina gelada de uma navalha. Um conhecido se suicidou, eu revivo os momentos em que não quis vê-lo, em que encurtava a conversa ao telefone (pois é... é a vida!). Os outros dizem: "Não, de forma alguma, isso não serve para nada, não se sinta culpado, é uma armadilha". Eu sorrio com dificuldade, seus discursos convenientes não fazem parte desse arrependimento que me angustia.

"Que vergonha!", é outra coisa: uma camada difusa e densa, consistente. Um estado objetivo que não depende de meus afetos nem de qualquer apreciação subjetiva. Ela cai sobre mim como um bloco. Não importa o que eu pense, é objetivamente vergonhoso. Não se trata de um julgamento pessoal, de si. Minha tristeza, se eu a sinto, é o produto, o efeito, o resultado de uma situação *objetivamente* vergonhosa.

Vou delinear um primeiro aspecto da vergonha como desonra familiar, opróbrio público, degradação de minha imagem social, ligados a um ato (ou a uma omissão), um fato, uma fala *pontual*, que por efeito mecânico provocam a rejeição de meu clã. Para caracterizar essa vergonha, normalmente voltamos nosso olhar para um passado remoto ou o direcionamos a culturas longínquas. Citaremos *O Cid*, de Corneille, nos lembraremos das cenas de *O poderoso chefão*, falaremos de crimes de honra no Paquistão. Morais heroicas e sociedades honradas.

O que os antropólogos e os historiadores entendem como "sociedades honradas" abarca cerca de três populações. Povos mediterrâneos que se organizam muitas vezes à margem das instituições públicas (cabilas, andaluzes, sicilianos etc.). Aquelas que se localizam no seio de sociedades políticas constituídas: castas aristocráticas antigas, ou mesmo extintas, muitas vezes militares (cavaleiros, mosqueteiros etc.). E, enfim, clãs mafiosos organizados em torno de atividades clandestinas, criminosas.[1] Esboçarei agora o ponto nevrálgico da vergonha arcaica, recomposta a partir da literatura etnográfica, mas também das ilustrações romanescas – os conteúdos ritualísticos precisos e os mecanismos concretos, é claro, variam em diferentes épocas, comunidades e países.

Basta, portanto, um ato, um comportamento, um único gesto para constituir uma afronta, manchar a honra de uma família.

---

1 Cf. sobre esse ponto John G. Peristiany (org.), *Honour and Shame: The Values of Mediterranean Society*. Chicago: University of Chicago Press, 1966; Carmel Cassar, *Honour and Shame in the Mediterranean*. Malta: Mireva, 2000.

# 18 A má reputação

Por exemplo, da parte de um ou vários indivíduos estrangeiros contra o membro de um clã: uma agressão física, um roubo, uma injúria, uma insolência, um estupro... Ou até em um grupo, por um parente, um conhecido: um comportamento isolado, uma covardia, relações sexuais proibidas, uma traição – pode-se, é certo, multiplicar os casos, e devemos lembrar que a sexualidade das mulheres (*a mãe, a esposa, a irmã*) é o principal ponto fraco da honra de um grupo: sua pureza sexual é sua fiadora.[2] *E é uma vergonha*. Basta uma investida amorosa proibida, uma rixa inglória, e a reputação está manchada e o nome da família, sujo. Sobre mim, minha imagem, sobre nós, nosso nome, nossa honra, cresce, assim, essa mancha.

———

Corneille coloca em cena velhos militares, aristocratas orgulhosos de seus sobrenomes, todos sustentados por um código de conduta que condicionam suas falas e seus atos. As causas de ofensa tendem a ser menos sexuais. Entre soldados, trata-se sobretudo de insolências, bravatas, insultos, gestos vexatórios, brincadeiras de mau gosto. Como um glorioso veterano espanhol, como dom Diego, em *O Cid*. Enfraquecido, com os braços tremendo, ele se curvou aos insultos de um rival mais jovem, com inveja das honrarias do mais velho. A famosa tirada ("Ó raiva, ó desespero...") denota esta catástrofe: grandes feitos bruscamente apagados por um momento de fracasso. Seu nome azedou como leite velho. Ele não é mais nada. Subitamente arruinado, nu como um verme. A honra era para ele uma capa da invisibilidade, como sair em público agora... Nada, entretanto, poderia ser resolvido com lições, consolo de amigos ou sessões de terapia. Deixando-se ser insultado sem reagir, dom Diego contraiu uma dívida de honra. Agora é preciso pagá-la – ou

———

**2** Cf. a conclusão de Julien Pitt-Rivers, *Honor and Grace in Anthropology*. Cambridge: Cambridge University Press, 2005.

aceitar "morrer sem vingança ou viver na vergonha". Seu filho se ocupará disso. Neste caso, a vergonha não está no campo da psicologia, mas da economia simbólica.

—

Essa vergonha que funciona como desonra clânica compreende quatro determinações: ela é objetiva, substancial, coletiva e reversível.

Objetiva. Não é uma questão psicológica, que pode ser tratada com terapia. O afeto é secundário, é afeto de uma situação na qual a degradação é socialmente validada. Eu fui insultado em público, agredido, e não revidei; o problema não é saber que fragilidade isso revela em mim, que falta de confiança foi descoberta. A injúria, as agressões covardes produzem automaticamente a vergonha como um estado de fato objetivo. Não posso evitá-lo, qual seja meu sentimento, *trata-se de fato* de meu prestígio, da honra de minha família: sujos, acabados, manchados. Essa vergonha depende de uma mecânica social, e não da psicologia dos indivíduos.

Substancial. A vergonha não se reduz a uma impressão subjetiva, uma construção interior, um sentimento íntimo. Ela é uma substância que murcha, que mancha: sujeira, mácula, opacidade, negatividade viscosa que gruda. É também degradação da substância, liquefação do prestígio. A dignidade social se enuncia no duplo registro: econômico e biológico. A honra é a riqueza de uma família, sua opulência simbólica. A honra é o sangue, a saúde, a energia do grupo: a força que mantém de pé cada um de seus membros, um capital que a todo momento corre o risco de ser rebaixado, amputado, esfarelado por uma *afronta*. Ela é tão "coisa" que poderia servir de garantia.[3] "Palavra de honra":

---

**3** Frank H. Stewart, "De l'Honneur". *L'Homme*, v. 37, n. 143, 1997.

## 20  A má reputação

em caso de promessa ou empréstimo, essa instituição medieval permitia ao indivíduo que nasceu em berço de ouro oferecer sua honra como garantia. Em caso de descumprimento, ele aceitaria insultos, calúnias, sarcasmos e difamações. E não se tratava de uma disputa entre tolos. A vergonha arruína, ela suga o sangue.

Coletiva. Esse sangue, essa riqueza não me pertencem *pessoalmente*. Não é *meu* sangue, *minha* riqueza, *minha* honra, mas do clã, do grupo, de toda a família. Eles me atravessam, me nutrem, me apoiam, me preenchem. Se sou insultado, agredido, se meu primo se comporta como um covarde e minha irmã, de forma muito ingênua, é o capital vital e simbólico de toda uma família que será diminuído e a vergonha lançará seu véu negro sobre o grupo.

Reversível. É a determinação mais importante, que dá à vergonha sua aura arcaica. O esquema é dialético: a vergonha é a negação da honra como positividade primeira; a vingança é a negação dessa negação e, portanto, a restauração da honra perdida. É característico da vergonha como desonra o fato de ser lavável, apagável, solúvel. A objetividade da vergonha é seu tormento e sua sorte (automatismo incontrolável a partir do momento em que os dados da afronta são lançados). É de forma mecânica que ela será anulada, rasurada – e sabe-se a forma de fazê-lo: tudo é, desde sempre, meticulosamente codificado, trata-se de *produzir publicamente* a oportunidade dramática que equilibra, o ato vingador que se sobrepõe ao ato humilhante.

E a vergonha se apagará como um desenho na areia.

Os mecanismos de restauração variam. O mais conhecido é a vingança,[4] supondo que a ofensa tenha sido feita por outro clã

---

**4**  Sobre esse mecanismo, a análise mais interessante ainda é o texto de Raymond Verdier sobre "Le Système vindicatoire", in *La Vengeance*. Paris: Cujas, 1980.

(justiça interfamiliar: *diké*).[5] O insulto, a insolência, a agressão, a afronta são vingados via uma réplica cifrada, preparada, que coloca publicamente em cena a anulação da vergonha: desafiar para um duelo, um acerto de contas, repetição ritualizada da ofensa etc. Quando a honra é manchada por uma fraqueza pessoal, descobrimos lógicas expiatórias. Aquele que confessou sua covardia, por exemplo, se recompõe com um ato heroico, que, por seu esplendor, anula seu passado sombrio.

Quando a injúria, terrível, acontece no seio da família e implica familiares, é outra coisa, pois não nos vingamos de nossos próximos. Os antropólogos descrevem outros mecanismos de expiação da vergonha (justiça intrafamiliar: *thémis*). Estes envolvem a exclusão, o sacrifício, a reputação daquele que é responsável pelo opróbrio – negação moral do traidor, massacre de mulheres acusadas de contravenções amorosas. No texto de Balzac, *A vendeta* (1830), a filha única e adorada, mas que se apaixona por um rapaz pertencente a um clã inimigo, contra o qual existe um ódio ancestral, é abandonada e desprezada por seus pais quando os deixa para viver com ele. O documentário *Uma garota no rio: o preço do perdão*[6] acompanha uma jovem paquistanesa, Saba, que se casou contra a vontade de sua família, mas *legalmente*, com um rapaz de classe muito inferior à sua. Ela foi sequestrada, espancada, desfigurada por uma coronhada de revólver no rosto, colocada em um saco e arremessada no rio. Seu casamento foi considerado desonroso por sua família. No Paquistão, a cada ano mais de mil mulheres são mortas por terem "envergonhado" suas

---

**5** Cf. sobre esse ponto (e sua relação com a vergonha), François Tricaud, *A acusação*, trad. Dunia Marinho Silva. Rio de Janeiro: Forense, 2012.

**6** *Uma garota no rio: o preço do perdão*, dir. Sharmeen Obaid-Chinoy, que recebeu o Oscar de melhor curta-metragem documental em 2016.

**22  A má reputação**

famílias. Mais próximo de nós, em Besançon, em agosto de 2020, uma jovem bósnia de dezessete anos foi espancada e esfaqueada por sua família por ter tido um caso com um jovem sérvio cristão, com quem ela queria se casar. As explicações dadas para esses gestos bárbaros: a impossibilidade da família de confrontar a vergonha causada por essa aliança infeliz.

———

Percurso de Lord Jim no romance homônimo de Conrad.[7] Jim é um marinheiro de 24 anos, cheio de sonhos gloriosos. Com seu diploma de capitão no bolso, embarca como marinheiro no *Patna*, barco a vapor lotado de peregrinos a caminho de Meca. A noite cai. O barco colide com destroços e emite um barulho sinistro. Após a inspeção do casco metálico enferrujado, descobrem-se danos enormes e uma certeza se impõe: o navio vai naufragar, e já está por um triz. O número de botes salva-vidas é ridículo (sete, para oitocentos passageiros). Acordá-los, instaurar o pânico? Inútil: já tomados pelo sono, melhor que eles afundem lentamente rumo à morte inevitável. Lord Jim encarna o papel do herói passivo, ele espera seu fim com orgulho. De repente, ouvem-se algumas vozes: "Pule, pule, pule!". O capitão e dois auxiliares levaram um bote ao mar e estão se preparando para escapar; eles acenam para a silhueta de um homem ainda a bordo, pensando se tratar do terceiro mecânico.

*E, de repente*, Lord Jim está sentado no bote salva-vidas. Na verdade, *ele pulou*. Um segundo antes, ele pensava esperar a morte como um herói e agora está no lugar de outro, fugindo na companhia de três covardes. Entre esses dois momentos, um vazio, um buraco. O bote se distancia do barco, que parece afundar silenciosamente.

———

**7**  Joseph Conrad, *Lord Jim* [1900], trad. Julieta Cupertino. Rio de Janeiro: Revan, 2002. Cf. a análise de Jean-Luc Donnet, "Lord Jim ou la honte de vivre", in *L'Humour et la honte*. Paris: PUF, 2008.

Muitas horas depois, outro navio os recolhe. Em terra, o capitão faz uma declaração de naufrágio. Então, ele descobre o inimaginável: seu barco não naufragou, ele foi encontrado sem pilotos por uma canhoneira francesa; todos os passageiros estavam bem, a salvo e abatidos. Um milagre aconteceu, a embarcação não afundou, mas é possível prever um milagre? Resta a vergonha, a infâmia. O sentido da história muda: os quatro sobreviventes infelizes são, na verdade, quatro fugitivos desprezíveis.

O capitão e seus cúmplices partem em fuga, mas não Jim, digno, que espera o processo infame, que afronta sozinho o veredito (a perda de seu diploma de capitão). Só ele tem a coragem de ser julgado publicamente e só seu nome será lembrado como vergonhoso. Em todos os portos do Oriente a história de Jim será contada, o marinheiro que abandonou à própria sorte oitocentos peregrinos em uma embarcação prestes a naufragar. Por que ele não fugiu como os outros? Para confrontar o enigma do salto que o lançou, junto a seus sonhos heroicos, para dentro de um bote, com esse gesto brusco, súbito, imprevisto mesmo para ele. Para poder ser menosprezado até o fim pelo olhar dos outros. Para beber até a última gota da taça da vergonha.

O texto narra uma vergonha totalmente alheia à culpa. Jim não tem qualquer remorso, o que ele fez não prejudicou ninguém, salvo sua própria imagem, seu prestígio e seu nome. Durante anos ele fugirá de seu passado, de sua história. Até enfrentar, corajoso e infalível – é a última cena do romance –, a morte em um ato heroico de expiação que o redime, *impedindo que a vergonha sobreviva*.

# Sociedades sem honra?

A vergonha clânica, imperativo moral de antigas organizações familiares, sempre desagradou os filósofos. Desde o século XVII eles a retomam e a reconfiguram, psicologizando-a e individualizando-a para desqualificá-la. Uma década após *O Cid*, Descartes escreve: "A vergonha [...] é uma espécie de tristeza, baseada também no amor-próprio e que resulta da opinião ou do receio de ser censurado".[1] Alguns anos depois, Spinoza seguirá a mesma linha: "A vergonha é uma certa tristeza que nasce em alguém quando vê que sua conduta é menosprezada pelos outros. [...] Pois a honra e a vergonha, segundo o que observamos em suas definições, não somente não têm nada favorável, mas são prejudiciais e devem ser rechaçadas".[2]

---

**1** René Descartes, *As paixões da alma* [1649], trad. Monica Stahel. Petrópolis: Vozes, 2023.
**2** Baruch Spinoza, *Breve tratado de Deus, do homem e do seu bem-estar* [1677], trad. Emanuel Fragoso e Luís César Oliva. Belo Horizonte: Autêntica, p. 114.

Os moralistas clássicos reduzem o escopo da vergonha. Ela não é mais um mecanismo social obrigatório e ritualizado, a catástrofe das famílias. Ela ganha espaço no pequeno drama pessoal, no modo como o julgamento dos outros me afeta. Tristeza branda de origem narcísica. A dimensão contagiosa, coletiva e ritualística desaparece. A vergonha se torna uma suscetibilidade inconveniente – que não pode ser totalmente ignorada, pois, afinal, é preciso levar em conta os costumes de seu tempo. Não há dúvida simbólica a depurar nem capital vital a restaurar, é um afeto do eu que se converte em uma ansiedade mesquinha: mas o que vão pensar de mim?

Essa redução atua culturalmente (não me refiro – *de forma alguma* – a Descartes e Spinoza) em benefício de outro afeto, mais "moralmente correto": a culpa, o remorso, o arrependimento, consequências do mal uso de minha liberdade.[3] Vemos com clareza quais são os binômios que desqualificam a vergonha: interioridade *versus* exterioridade; profundidade *versus* superficialidade; autenticidade *versus doxa*; valores transcendentes *versus* convenções sociais. Por trás desse estreitamento conceitual podemos entrever o impacto da moral cristã, sua supervalorização da culpa – Santo Agostinho condenará o suicídio de Lucrécia, paralisada pela vergonha de ter sido estuprada por um grande amigo de seu marido, conferindo-lhe como causa uma preocupação inoportuna da opinião pública ("A nobre romana, por demais desejosa de louvor, receia..."). [4] Essa hipersensibilidade da reputação nas

---

**3** Cf., sobre a oposição entre "civilização da vergonha" e "civilização da culpa", as reflexões fundantes de Ruth Benedict, *O crisântemo e a espada* [1946] (trad. Caesar Souza. Petrópolis: Vozes, 2019), seguidas de Eric R. Dodds, *The Greeks and the Irrational* (Berkeley: University of California Press, 1951) e aprofundadas por Bernard Williams, *Shame and Necessity* (Berkeley: University of California Press, 1993).

**4** Santo Agostinho, *A cidade de Deus* [426]. Petrópolis: Vozes, 1989.

## 26 Sociedades sem honra?

éticas familiares da vergonha, esse culto da opinião se opõe a uma moral que acredita alimentar-se de uma dignidade interior, em que valerá apenas, na solidão da consciência, a verticalidade da relação de si consigo mesmo, e não o alinhamento horizontal sobre a opinião dos outros. A verdadeira moral menospreza as curtidas e a quantidade de seguidores.

—

A cultura da culpa não foi a única a refinar a ética da vergonha clânica. Os três pilares da modernidade ocidental, identificados e construídos por todo um contexto da sociologia histórica,[5] contribuíram muito para o descrédito da sensibilidade à honra. O centralismo político exigirá dos sujeitos uma obediência racional à lei pública (mais do que o respeito sagrado ao código familiar) e confiscará a justiça, condenando e proscrevendo os mecanismos de vingança privada em benefício de regulamentos judiciários sancionados por um soberano. Em seguida, o liberalismo colocará o indivíduo em evidência, seus direitos e suas iniciativas, isentando-o da obrigação dos deveres familiares e sagrados. O capitalismo, por fim, refinará o sentido simbólico da dívida para validar apenas transações de mercado, monetárias. Tudo se vende, se revende, se compra, se negocia, se liquida.

Fim do trágico, da heroína, do vingador. Podemos reler toda a obra de Balzac por esta perspectiva: sua descrição raivosa do apagamento dos sentimentos de honra em benefício da mercantilização generalizada. Reina a prostituição. Na entrada do antro do governador Gobseck, símbolo da nova civilização, no romance

—

**5** Cf. entre muitos outros Louis Dumont, *Homo aequalis: Gênese e plenitude da ideologia econômica*, trad. José Leonardo Nascimento. Florianópolis: Edusc, 2000; Charles Tilly, *Coercion, Capital and European States, AD 990 – 1990*. Hoboken: Wiley-Blackwell, 1990.

homônimo de Balzac, lê-se: "Vós que aqui entrais, abandoneis todo o significado da vergonha". Essa é a porta da modernidade estatista, liberal e capitalista. A modernidade constrói sociedades sem honra. As comunidades se organizam em torno da lei pública (Estado), das trocas mercantis (capitalismo) e do jogo das liberdades individuais (liberalismo).

A vergonha, portanto, muda de aspecto. Torna-se menos clânica e mais burguesa, menos dramática e mais monetizável, menos ritualística e mais psicológica... De início, como veremos, se desenvolverá a vergonha de ser pobre, ou simplesmente menos rico, que era marginal nas culturas da honra. A miséria, até então aureolada com uma névoa cristã, deixa de ser vivida como destino. Ela se torna o signo de um fracasso pessoal, de uma ambição perdida. A honra, no entanto, se transfigura e se transforma nas famílias. Passa a se chamar *respeitabilidade*, *normalidade*. O núcleo duro não é mais o clã, a linhagem, o sobrenome, a rede de alianças, mas o pequeno lar burguês (casal unido em matrimônio e filhos), virtuoso, trabalhador, parcimonioso, proprietário. Aquele que se reúne nos batismos, nos aniversários, e se pergunta sobre o futuro de seus filhos, aquele que é obcecado por seu nível de vida, os signos exteriores de sua virtude, a masturbação de seus filhos. Família edípica, "família-célula", "família-canguru",[6] esse núcleo econômico-sexual, primeiro enquadrado pelo padre, depois confiscado pelo médico, figurou das comédias de Molière até Maio de 68, nas fronteiras do bem e do mal, do justo e do injusto, do virtuoso e do vicioso, do normal e do anormal. O que Michel Foucault em seu "pensamento do poder", em sua "teoria das normas", quis revelar, denunciar, é precisamente – para além das instituições públicas, das autoridades legais, do sistema judiciário, da lei – o

---

**6** Michel Foucault, *Os anormais: Curso no Collège de France (1974-1975)*, trad. Eduardo Brandão. São Paulo: WMF Martins Fontes, 2001, p. 315.

## 28 Sociedades sem honra?

poder difuso e irresistível das *famílias como devem ser*, que em nome da "Verdade" e da "Natureza" construíram, com a ajuda complacente dos "psis", o império do *Normal*.

O normal não é uma recorrência estatística nem uma simples média. É um modelo de comportamento respeitável. O normal é o parâmetro de honra de nossas sociedades sem honra. A família burguesa projeta três grandes figuras da vergonha, todas sexuais: a mulher adúltera, o filho homossexual e a criança que se masturba. Foi ela, mais do que o cristianismo, que impregnou a sexualidade de vergonha. Era ela que, já nas sociedades do Antigo Regime, estabelecia os limites da infâmia se valendo do instrumento policial que a monarquia lhe oferecia: as cartas régias.[7] Essa prática parajudiciária permitia prender, por algumas semanas, meses ou anos, um indivíduo que escandalizava por suas condutas "inapropriadas": um festeiro inveterado, um "sodomita", uma mulher leviana que convidasse muitos rapazes para dormir em sua casa, um filho esbanjador que ameaçasse a fortuna familiar, uma blasfêmia que sujasse publicamente o nome de Deus. As cartas régias eram um instrumento a serviço das famílias que rejeitavam um filho homossexual ou uma filha volúvel ou, ainda, que se sentiam incomodadas por algum desequilibrado que estivesse manchando a reputação do bairro ao cantarolar cantigas imorais.

Essas cartas, que supomos ser a forma de um rei-déspota eliminar inimigos políticos, serviram, de fato, às famílias "respeitáveis" para se livrarem daquilo que causava desordem e prenderem todos aqueles e aquelas que, sem infringir a lei, sem provocar perdas materiais, simplesmente davam *vergonha*. Constituía-se um dossiê, reportavam-se fatos e gestos infames e estabelecia-se a imagem de uma família mergulhada na aflição e na desonra.

---

**7** Cf. a reunião das cartas régias estabelecida por Michel Foucault e Arlette Farge, *Le Désordre des familles*. Paris: Gallimard, 1982.

Após a leitura, o delegado de polícia emitia uma carta lacrada que provocava a prisão imediata do infame. Sem passar pela justiça, sem julgamento em nome da lei pública, prendia-se em nome da Norma familiar. O conde de Mirabeau, que destruía a fortuna de sua família no jogo, foi internado por seu pai; o marquês de Sade foi enviado à prisão por sua madrasta.

Essa prática não sobreviverá à Revolução Francesa. Mas a família constituiu-se por mais de um século como uma grande fábrica de vergonhas. Ela teve que encontrar outros recursos parajudiciais para neutralizar aquelas ou aqueles que sujassem sua reputação. O alienismo do século XIX, ao estabelecer a infame zona cinzenta das classificações patológicas, se ocupa dos desviantes e dos anormais. Ele os circunscreve em categorias psiquiátricas, ele os interna em asilos, fazendo da loucura uma doença "vergonhosa".

———

Poderíamos pensar que a hipermodernidade – ao conjugar a emancipação dos costumes a partir dos anos 1970 com a ultrapromoção dos direitos individuais, o libertarianismo e a banalização de condutas sexuais outrora julgadas como "inconfessáveis" – marcou o fim da família vitoriana e do domínio de suas formas vergonhosas. Devemos constatar, entretanto, que com o desenvolvimento das redes sociais (Facebook, Twitter, Instagram etc.), as sociedades contemporâneas deram uma nova consistência (numérica, digital) à "imagem pública de si", que agora pode ser quantificada, pode sofrer altos e baixos e variações como uma cotação da bolsa. Qualquer um, na internet, se coloca e se diferencia, se vangloria e se vende, se faz imagem e se imagina, se autoriza e se exibe.[8] Para cada postagem, em grinaldas generosas ou buquês magricelas,

———

**8** Cf. Bernard E. Harcourt, *La Société d'exposition*. Paris: Seuil, 2020.

## 30 Sociedades sem honra?

florescem avaliações, comentários, apreciações que confortam ou incomodam, causam dor ou prazer.

Digamos que esses jogos apenas fazem ver, no fim das contas, a espuma do real, evoluindo em universos paralelos onde os amigos são contados às centenas, onde somos sempre bonitos, divertidos, bronzeados, espiritualizados e fotografados em nosso melhor ângulo. Mas esse "virtual" não é, de forma alguma, o contrário do real. Se por realidade entendemos aquilo que importa, produz efeitos, faz acontecer, o que tem potência causal, então, sim, o digital é *real*. Os especialistas em vício, contudo, destacam semelhanças – em termos de descargas, de excitações neurais, de processos fisiológicos – entre dependência de drogas e de redes sociais. A projeção digital de si tornou-se uma substância aditiva. E as redes funcionam pelo contágio: conteúdos rapidamente transmitidos, compartilhados *ad infinitum*, tornando-se, assim, virais. Virtualidade = viralidade = realidade. É na *virrealidade* que são produzidas as vergonhas contemporâneas: contas sociais cheias de ofensas, *e-reputações* destruídas por campanhas de cancelamento, enxurrada de insultos anônimos gratuitos, sarcasmos maldosos que esvaziam o internauta, sugam seu sangue... Não arriscamos mais checar nossa conta, o mundo inteiro conspira.

Observamos aí alguns determinantes da vergonha clânica arcaica: objetividade do opróbrio (a *e-reputation* não é um sentimento: ela é calculada em número de seguidores); liquefação da vítima, tão cruel que dessa vez a memória de nossos traços digitais nos escapa e até mesmo nos domina. Nossas pequenas e grandes vergonhas são eternizadas em dados (compras, visitas a sites, fotos, deslocamentos, selfies, contatos, vídeos) prontos para ressurgir quando menos esperamos. Nossa imagem pública flutua na web à mercê de uma cristalização de ódio. Em alguns minutos, algumas horas, eu me torno o alvo de um falatório negativo que se propaga em velocidade absurda. A degradação é viral, eu me torno o alvo de uma difamação universal – Jon Ronson nos oferece o relato desses fracassos em um livro arrepiante, *So You've Been Publicly Shamed*.[9]

———

Uma existência implodida, despedaçada, no tempo de um voo entre a Inglaterra e a África do Sul. Onze horas entre Londres e a Cidade do Cabo, durante as quais uma jovem sofre um linchamento virtual sem poder reagir, que fará com que perca seu trabalho, a estima de seus próximos, o amor de sua família. Tudo começa com uma piada ruim em sua conta no Twitter. Justine Sacco tem o hábito, junto a alguns seguidores, de fazer gracinhas nem sempre engraçadas, às vezes até mesmo constrangedoras, às quais seus amigos virtuais respondem com polida indiferença. Em 20 de dezembro de 2013, antes de embarcar, ela insiste no mau gosto e twitta: "Partiu África. Espero não pegar aids. Tô brincando. Eu sou branca!". Um jornalista (Sam Biddle) nota o tweet e o compartilha com seus 15 mil seguidores, e uma tempestade se forma. Enquanto Justine dorme pacificamente a quilômetros de altitude, um dilúvio de ódio digital inunda sua conta. Antirracistas horrorizados e associações de pacientes com aids reagem, justificadamente indignados, mas há também uma multidão barulhenta de *haters* ocasionais ou oportunistas cínicos (como um certo Donald Trump). O chefe de Justine condena suas opiniões no Twitter. Todos se impressionam com o silêncio da principal interessada (é claro, ela está dormindo pacificamente); a hashtag *#HasJustineLanded* [#SeráQueJustineJá-Pousou] foi lançada. Rapidamente um fotógrafo é contactado para captar o momento em que ela ligará seu celular. Justine mal tinha chegado quando, tomada pelo horror diante daquilo que causara

———

**9**  Jon Ronson, *So You've Been Publicly Shamed*. New York: Riverhead Books, 2015.

## 32 Sociedades sem honra?

a si mesma, se apressa em excluir o tweet e sua conta. "Desculpe @JustineSacco, seu tweet vai viver para sempre", prevê uma alma "caridosa". No Cabo, as tão sonhadas férias se tornam um pesadelo: os empregados do hotel reservado por Justine ameaçam entrar em greve se ela se hospedar; sua família sul-africana a renega. De 20 de dezembro até o fim do mês, o nome de Justine Sacco será procurado mais de um milhão de vezes no Google. Esvaziada, acabada, arruinada – bastaram apenas algumas horas. Um tsunami digital de ódio. A história data de mais de sete anos, mas se você procurar o nome de Justine Sacco no Google, verá que ainda é possível encontrar seu tweet.

A vergonha digital sobrevive, morrer de vergonha não é mais uma metáfora. Crianças e mulheres se matam, vítimas do ciberassédio. Existências são destruídas por sequências de *revenge porn* contagiosas, vídeos idiotas surgem para arruinar carreiras. Mas é impossível se vingar. A reparação digital não existe. Na nuvem digital, nossas vergonhas são inatingíveis, inextinguíveis.

# O desprezo social

Vergonha de ser "pobre" – talvez isso soe abstrato demais. Seria preciso dizer: sem classe, bruto, miserável, jeca, para que a dor do julgamento se fizesse sentir. Qualquer um, por mais distante que esteja de uma origem humilde, poderá listar inúmeros exemplos da própria história, se lembrará de embates dolorosos com o mundo do dinheiro e do bem-estar, com as referências que pegam bem (ópera, *free jazz*, cinema alternativo), mas que paralisam o provinciano. Vergonha de suas referências, de seus automatismos culturais. Vergonha de seu vestido, de sua camisa, de seus sapatos. Eu, que há pouco me achava bem-vestido, agora flagro olhares ligeiramente enojados, irônicos ou apenas surpresos, que me fazem mal – Lucien de Rubempré, em *Ilusões perdidas*: quando vai a Paris, o rapaz elegante de Blois se descobre, de repente, amarrotado, desengonçado como um avestruz. Eu me sinto sujo, olhe esse fio branco em meu suéter, o aspecto gasto das mangas, não tinha reparado. Estou mal--vestido aos olhos dos outros.

Depois das roupas (apesar de elas criarem uma estigmatização à primeira vista, antes mesmo de ser possível dizer bom dia), são as formas de falar, de comer e de andar que delatam e denunciam

## 34 O desprezo social

suas raízes no submundo – aquele dos desdentados, deploráveis, desprezíveis, mesquinhos, "os pequenos, os obscuros, os sem eira nem beira".[1] O vocabulário, a pronúncia, a sintaxe e os movimentos da boca, o andar abestalhado, a forma de pegar na faca como se fosse um pedaço de pau, tudo nos trai.

Há uma idade privilegiada para essas vergonhas iniciáticas, que não afetam tanto a infância, mas sobretudo a pré-adolescência. Quantas ficções, relatos de cenas fatídicas de vergonha no colégio. Onze, doze anos, a idade em que o amor da família não é mais o bastante – ele se torna, no máximo, refúgio ou pesadelo. Quem sou eu se transforma agora em *Quanto eu valho* e pode ser percebido nos olhos, nas palavras dos outros. *Quem sou eu* foi vencido, derrotado pelas cartas do mundo. Eu comparo, sou comparado, e encontro pessoas mais ricas, mais fortes, mais bem-vestidas, mais brilhantes. Descubro que sou sem graça.

Essa existência sob o olhar dos outros é nosso inferno, a perda da inocência. Condenado a existir para, por, com os outros, prisioneiro de seus julgamentos, com minha cabeça cheia de autoavaliações e comparações. Sou mais ou sou menos? O que dirão de mim? Os "colegas" de classe, como dizemos.

Annie Ernaux *descobre,* nessa idade, no olhar dos outros, por seus comentários ácidos, que ela vive em um café-mercearia excêntrico, rodeada por pimentões. Ela se constrange ao corrigir sua dicção, seu léxico, aprendiz espantada *do que deve ser feito* – o que se faz no *outro* mundo, que é, ao mesmo tempo, o verdadeiro, quer dizer: o mundo que importa. Mundo aritmeticamente minoritário, mas axiologicamente majoritário: este ao qual gostaríamos, deveríamos pertencer, novo objeto de meu desejo. Quero fazer parte, tenho raiva de me sentir excluído.

---

**1** Edmond Rostand, *O filho da águia* [1900], ato II, cena VIII, trad. Carlos Porto Carreiro. Rio de Janeiro: Irmãos Pongetti Editores, 1956.

É a garota ao lado que me ensina. As camas são feitas de manhã, ai meu Deus, todos os dias. "Você deve morar em uma casa engraçada!". As outras garotas voltaram, cochicham entre elas. O riso, a felicidade, e de repente tudo muda como leite velho, eu me vejo, eu me vejo e eu não sou parecida com os outros...[2]

Até o mais limpo dos pobres fede: fede a água sanitária. Annie Ernaux se recorda. No colégio, em uma manhã de sábado, pouco antes da aula de gramática, ouve-se um grito de horror de Jeanne D., a filha do oculista: "tá fedendo a água sanitária", "Eu queria me enfiar em um buraco, escondo minhas mãos embaixo da mesa, talvez nos bolsos da minha jaqueta. Estou tremendo de vergonha".[3] É ela, a pequena Annie, que antes de sair de casa tinha lavado suas mãos na cozinha, em uma bacia d'água impregnada desse cheiro. É o cheiro do mais limpo dos pobres, um "cheiro social".[4]

Descobrimos espantados, tristes, que nossos gestos, nosso jeito de andar, comer e falar são pesados, rústicos. Ritos desconhecidos, regras improváveis. Tudo pode suscitar um desprezo que nos oprime, e nossa própria família se torna motivo de vergonha.

Na igreja, ela cantava a plenos pulmões o cântico da Virgem, Eu irei vê-la, um dia, no céu, no céu. Isso me dava vontade de chorar e eu a detestava [...]. Eu pensava que minha mãe era clarividente. Eu desviava o olhar quando ela abria uma garrafa segurando-a entre as pernas. Eu tinha vergonha de sua maneira brusca de falar e se comportar, e esse sentimento era tão mais forte quanto mais eu sentia que éramos parecidas.[5]

---

**2** Annie Ernaux, *Les Armoires vides*. Paris: Gallimard, 1974, p. 60.
**3** Id., *Retour à Yvetot*. Paris: Éditions Mauconduit, 2013, p. 22.
**4** Ibid.
**5** Id., *Une Femme*. Paris: Gallimard, 1989.

**36   O desprezo social**

Um gosto de traição na boca. A vergonha social permite descobrir uma dimensão da sociedade que os filósofos, em suas elucubrações abstratas (pacto social, contrato republicano, comunidade de interesses etc.), ou mesmo os sociólogos, não percebem com frequência. A sociedade como sistema de julgamento, organização hierárquica, potência de estigmatização, violência das exclusões simbólicas, experiências sucessivas de humilhação e vergonha. Rico ou pobre, isso logo se transforma em: bom ou mau, interessante ou inútil, belo ou feio, alto ou baixo. Me olham – ou tenho medo de que me olhem. Mesmo que esse olhar seja claramente desdenhoso, levemente condescendente ou apenas um pouco surpreso, quase divertido, esse olhar *queima* tanto que provamos do atroz isomorfismo sócio-ontológico-moral, tanto que a cruel equação se aplica: eu não tenho grande coisa = eu não valho grande coisa = eu não sou grande coisa. Eu não tenho nada = eu não sou nada. Pirâmide: o topo é reconhecido, desejado, e a base, desprezada. A sociedade é um sistema de lugares e a humilhação coloca cada um em seu, faz cada um sentir: sempre inferior. A experiência da vergonha é, antes de tudo, uma experiência de reatribuição. Eu acreditava estar vivo, leve, "na origem do mundo", como escreveu Frantz Fanon.[6] E, de chofre, percebo que meu lugar já foi designado. Descubro a pluralidade dos mundos e as barreiras, as soleiras e as portas. A vergonha: sentimento doloroso de deslocamento, perda de traços, desqualificação. Didier Eribon, em seu *Retorno a Reims*, reconhece que falar publicamente de suas origens sociais foi, no fundo, mais doloroso do que falar de sua homossexualidade ("Foi mais fácil escrever sobre a vergonha sexual do que sobre a vergonha social").[7]

---

**6**   Frantz Fanon, "A experiência vivida do negro", in *Pele negra, máscaras brancas*, trad. Sebastião Nascimento e Raquel Camargo. São Paulo: Ubu Editora, 2020, p. 125.

**7**   Didier Eribon, *Retorno a Reims*, trad. Cecilia Schuback. Belo Horizonte: Âyiné, 2020.

O desertor de classe aprende rapidamente a não ser notado, a enganar "seu" mundo. Falamos o mínimo possível para não correr muitos riscos, reproduzimos fragmentos de códigos assimilados no percurso e os replicamos com cuidado, fingimos indiferença, refinamos gestos, exclamações, para reproduzi-los com prudência. Aprendizado doloroso e mesquinho que nos esgota. O corpo de Martin Eden no início do romance de Jack London, bobo e desengonçado, como um urso em uma loja de porcelana. As primeiras refeições e as primeiras conversas, a tranquilidade deles no manejo dos talheres e das citações literárias. E eu: como não me trair *em todos os sentidos*? "A vida é apenas uma gafe e uma vergonha."[8] A vigilância extrema para não ser notado, não deixar notarem de onde viemos. O esforço para se tornar invisível, substituível, ajustando-se aos outros, transparente.

Estratégia mais rara: abandonar-se à sua própria caricatura, exagerar seus trejeitos, incrementá-los, ser aceito como bobo da corte. Faço com que riam da minha tolice encenada, ressalto meu provincianismo. Me deformo. Ao menos somos reconhecidos, dominamos o ridículo ao provocá-lo, controlamos minimamente a risada dos outros alimentando-a com exemplos pessoais. E espera-se de volta um pouco de carinho, mesmo que disfarçado de desprezo. "Esse aí faz a gente rir", "Ela é engraçada". Um jantar de idiotas. Nos fazemos de idiotas para os outros, nosso ridículo é nossa gratidão. Mas eu permaneço ali, abrigado em seu desprezo confortável, mas bem-ajustado. No interior, tudo está prestes a desmoronar, mas *pelo menos ainda faço parte do grupo*.

---

**8** Jack London, *Martin Eden*, trad. Aureliano Sampaio. São Paulo: Nova Alexandria, 2003.

## 38   O desprezo social

A vergonha social nunca é pura. Uma ambiguidade faz dela raivosa – essa raiva que perpassa as frases de Annie Ernaux e lhes dá, apesar da neutralidade aparente, uma tensão formidável. A pobreza pode ser injusta, ou mesmo escandalosa, quando ultrapassa certo limite. Mesmo que ela não seja vergonhosa a priori. Ela não é o resultado mecânico do desprezo. Não tem nada a ver com as lógicas objetivas do opróbrio familiar que exigem vingança após o embate público.

Para sentir o incômodo da vergonha social, é preciso um questionamento interior. Até que ponto é *realmente* humilhante viver em um café-mercearia, ter uma mãe que trabalha limpando a casa dos outros, ter apenas uma calça que é passada aos domingos, um único par de sapatos grandes demais? A falta de dinheiro seria, sistematicamente, sempre, a priori, degradante?

O pobre pode assegurar sua dignidade desde que não tenha cruzado a linha da miséria, o que o obrigaria a mendigar. O pobre necessitado tem orgulho de sua pouca riqueza, de seu trabalho, de seu suor, de ganhar seu minúsculo salário à custa de muita luta. Esse orgulho é nutrido por uma suspeita renovada: e aquele que se pavoneia, que exibe seus "sinais de riqueza", de onde ele tira sua fortuna? De seu trabalho? Nada é menos certo. É ele que é desprezível. Pense em como é fácil defletir o desprezo social de volta para o humilhador: basta o humilhado conservar seu semblante, exibir uma dignidade intacta e negar, assim, o julgamento que pretendia rebaixá-lo. Então o humilhador se torna ridículo, lamentável. Mas para quem ele se exibe?

A provocação dos cínicos ou a mística dos franciscanos, que evocaremos adiante, não são necessárias para sustentar o orgulho de ser pobre. Aqueles que ganham pouco, os modestos, puderam se contentar em pertencer a um mundo que não se importa com convenções imbecis, eles tiram sarro do mundanismo débil, reclamam das posturas engessadas. Tudo isso dá pena de assistir, de ouvir, e é, no fundo, aviltante. "Nós, nós não somos assim." Sem frescuras. Richard Hoggart escreveu suas mais belas palavras sobre a retórica proletária do "Nós e eles",[9] sobre a força do sentimento de pertencer à classe da franqueza rude, do esforço partilhado, da solidariedade imediata, da saúde, do vigor, toda essa alegria operária que ouvimos explodir em *Vive la sociale!*, de Gérard Mordillat.[10]

No fundo, o verdadeiro problema da pobreza não é tanto a riqueza, mas a miséria. São os ricos que têm vergonha de não ser tão ricos. Os pobres têm o fantasma da miséria e é por essa via que a vergonha se sobrepõe como uma ameaça suprema. A dignidade do pobre é o preço de um esforço, de uma conquista sobre a miséria. Se o *ethos* do rico é causar inveja, o do pobre será não passar vergonha. Essa frase do pai, destacada como um espinho por Annie Ernaux: "Um dia, cheio de orgulho no olhar, ele me disse: 'Eu nunca te fiz passar vergonha'".[11] Ele queria dizer, sem dúvidas: eu nunca enganei ninguém (eu devo o que tenho ao meu trabalho), nunca mendiguei (nunca estive na miséria), nunca me gabei (nunca supus ser mais do que eu era) e eu sempre me mantive limpo – ah, se ele soubesse, entretanto (ironia e dor) quanto seu café-mercearia envergonhou a pequena Annie; limpo, é verdade, mas de forma alguma reluzente.

Além disso, para assegurar o orgulho de ser pobre, esbarramos em uma linha divisória transversal. Não daquelas que sublinham as hierarquias e os estratos, que se apoiam sobre cifras (quanto você ganha?), mas daquelas, já mencionadas, que traçam as fronteiras

---

**9** Richard Hoggart, *The Uses of Literacy: Aspects of Working-Class Life* [1957]. Londres: Penguin, 2009.

**10** Gérard Mordillat, *Vive la sociale!*. Paris: Points, 2005.

**11** Annie Ernaux, *O lugar* [1983], trad. Marília Garcia. São Paulo: Fósforo, 2021, p. 57.

## 40  O desprezo social

da moral, do sexo e da virtude. Pudemos concluir, há pouco, que a estigmatização moralizante é uma invenção da família burguesa. Mas era inesperada a sua recuperação pela lenda do povo virtuoso e são, contra a burguesia decadente, viciosa, suja, sentada sobre o ouro, como a conhecem e constatam mordomos e faxineiras. Na tradição do *Diário de uma camareira*, de Octave Mirbeau (1900), descobrimos relatos de trabalhadoras domésticas e serviçais, todas essas que, devido a seu acesso ao íntimo (a roupa suja, os lençóis, os corpos), revelam as torpezas escondidas por detrás da fachada hipócrita da respeitabilidade. A burguesia dissimula a vergonha moral sob camadas de mentiras.

Para concluir, sobre o orgulho do pobre, não esqueçamos que enquanto manteve-se crível o esquema marxista de uma história que deveria, inelutavelmente, conduzir ao triunfo do proletariado, o orgulho do proletário podia se alimentar da consciência de que ele pertencia à classe prometida na vitória final, à classe-instrumento da salvação da humanidade, enfim desalienada. O operário podia roer suas correntes e saborear de antemão sua revanche futura. Os pobres se faziam ricos na esperança da Grande Noite.

Poderíamos objetar que esse orgulho do pobre é seriamente distorcido: ele não conduziria diretamente ao conservadorismo social? Pois, no fim das contas, todo mundo está satisfeito com a sua classe – e a miséria sem classe suscita o horror e a compaixão de todos. Eu acredito, sobretudo, que ela é um *pathos* histórico, sem dúvida datado, uma figura ética apagada por algumas décadas de neoliberalismo. A derrota histórica do comunismo e o fim das grandes narrativas contribuíram, mas trata-se sobretudo de certo dogmatismo liberal nos repetindo uma ideologia da responsabilidade e da iniciativa individuais, terminando por fazer da pobreza uma derrota, um fracasso pessoal que precisa ser posto em questão, passado a limpo etc. (defeito de vontade, preguiça, covardia?). A pobreza se tornou o signo unívoco da falta de ambição.

Entretanto, dos cínicos gregos a Gandhi, a inversão dessa vergonha social foi inscrita em nossa cultura por meio das narrativas heroicas. As sabedorias mais antigas já condenavam, como sabemos, as riquezas como sendo falsos bens: não autênticos, não essenciais, imanentes – mais tarde os chamaremos de "alienantes". Uma coisa, entretanto, é não procurar o luxo e defender a austeridade, a medida, e outra coisa é submeter-se a privações voluntárias, cavando o fosso de sua modéstia com a mesma raiva ou fervor com os quais tantos outros acumularam seus lucros. Diógenes, o cínico, se gaba de ter apenas três coisas: um manto que serve como roupa e como teto, um alforje contendo duas ninharias e um cajado para a caminhada. Apesar disso, ele se extasia e proclama: minhas propriedades ilimitadas, elas têm as dimensões do mundo, eu tenho como teto as estrelas infinitas, tenho os mais belos campos para repousar minha cabeça. Eu durmo em qualquer lugar onde paro, celebro cada maná que encontro. Se a pobreza é medida pela quantidade *do que falta*, quem poderia ser mais rico que o cínico? "Não tenho riquezas nem criados. Durmo no chão. Não tenho nem mulher, nem filhos, nem um grande palácio, só a terra, o céu e um velho manto. Mas o que me falta? Não vivo eu sem tristezas, sem temores, não sou eu livre?"[12]

Certa vez Diógenes nota um rapazinho bebendo água da fonte com as mãos em concha. Ele diz: "Veja só, Diógenes, encontrastes um melhor que ti!", tira do magro alforje um copo de madeira e o joga longe, de forma triunfante. Não é mais necessário. Ter *menos* não significa tornar-se mais pobre, mas, ao contrário, se desfazer, ganhar em leveza. Quem poderia envergonhá-lo com sua pobreza

---

**12** Epicteto, "Portrait du cynique" [séc. II], in *Entretiens*, trad. fr. A. Jagu e J. Souilhé. Paris: Les Belles Lettres, 1943, III, 22, 47–48.

## 42 O desprezo social

quando ele mesmo se gaba de sua condição, quando ele a lapida como um ourives, quando ele vilipendia os inchados detentores de riqueza e lamenta os privilegiados? Francisco de Assis, alguns séculos depois, renovará esse gesto, construindo sua pobreza voluntária como um desafio à igreja opulenta. Mais tarde, foi a vez de Gandhi recusar-se a vestir outra coisa que não um simples tecido de algodão. Limitando toda sua riqueza a uma bengala, ele evolui nas estruturas comunitárias autárquicas (*ashrams*).

Esses atores singulares da inversão social fizeram de sua pobreza *um princípio de vergonha para a riqueza*.

———

Com essas posturas radicais aprendemos que é possível se esquivar, desviar, devolver o desprezo social. Se ele produz vergonha, é apenas a partir de um consentimento interior, uma reelaboração íntima da minha lealdade ao sistema que me condena. E essa reelaboração tem dois destinos.

O primeiro é o da introjeção. Nos livros de Vincent de Gaulejac ou de Christophe Dejours,[13] encontramos a mesma constatação: a vergonha resulta de uma interiorização do desprezo social. O desdém do rico, sua arrogância ofensiva, seu sorriso um pouco enojado, acabam por suscitar o pequeno discurso interior: "É verdade que não valho nada, é normal que eu não seja levado em consideração". O desprezo do outro se transforma em desprezo de si. Vergonha diante dos filhos por pertencer a uma classe desonrada, tendo que suportar os insultos do chefe. E as máximas de sabedoria não ajudam muito nesse caso: falam apenas de uma austeridade decidida, objeto de uma escolha livre, enquanto a pobreza é, na maior parte,

---

**13** Vincent de Gaulejac, *Les Sources de la honte*. Paris: Seuil, 1996; Christophe Dejours, *A banalização da injustiça social*, trad. Luiz Alberto Monjardim. Rio de Janeiro: FGV, 1998.

algo de que se *sofre*, enquanto que os discursos sociais dominantes fazem do salário exorbitante *o* sinal do sucesso, a chave para a liberdade e a alegria. Passagem ao limite desse primeiro destino: é o estágio da resignação no qual a vergonha se dilui em uma aceitação pacífica – "Ele me despreza, me humilha, mas o que você poderia fazer, é assim, não podemos mudar nada". Suave estado trôpego por fim, que mal reverbera o grande grito de Victor Hugo no poema: "Àqueles que dormem: acordem, chega de vergonha!".[14]

A segunda via é a da ambição raivosa. O desprezo do outro me queima, não me reconheço nele. Ele alimenta em mim o rancor: "Espere um pouco e verá". Fúria surda de se ver depreciado, engolido, ao passo que, no lugar do outro, estaríamos bem. "Quem ele acha que é, e quem ele acha que eu sou? Ele não perde por esperar". Encontramos apenas razões contingentes e injustas (nascimento, patrimônio) para a violência das hierarquias. Então amadurece rapidamente, em um pensamento inquieto, o projeto de uma vingança – através de um trabalho árduo ou de um cálculo cínico: em breve serei aquele que eles respeitarão, que desejarão febrilmente poder dizer que "conhecem". Minhas pretensões são ilimitadas, mas devem avançar disfarçadas (cuidado com os sarcasmos).

Essa ambição que reaviva a vergonha social sustenta um projeto paradoxal quando seguimos seus cruéis devaneios: "Vocês vão ver, quando chegar a minha vez, vou ser eu quem vai desdenhar seus convites insistentes, quem vai invisibilizar vocês, quem vai ter pena de vocês". Sonhos de vinganças futuras, revanches incríveis. Dessa vez, a ambição justifica, serve de caução para o sistema que hoje me rebaixa, mas que amanhã me erguerá. É uma simples questão de tempo, de *delay*. Eu entendo – *também eu* – como fazer parte desse mundo que despreza. Eu *vou mostrar a vocês quem eu sou*. Então é

---

**14** Victor Hugo, *Les Châtiments* [1853]. Paris: Gallimard, 1998.

**44    O desprezo social**

preciso, enfim, que eu me sinta mais próximo dos humilhadores do que dos humilhados na esperança de ocupar o seu lugar? Chegamos ao limite: a fúria. A raiva da ambição tem interesse pessoal, a fúria traz em si um pleito de justiça – e a fúria depura todo traço de paixão ruim que a raiva possa conter. Felizmente, a resposta ao desprezo não se limita à introjeção ("Eles têm razão, sou inútil") ou à ambição pessoal ("Mostrarei a eles que estão errados"). Aristóteles, em sua *Retórica*, faz da raiva uma boa resposta ao desprezo (*oligoria*: não dar valor):[15] ela exprime uma exigência de restauração da autoestima deteriorada por manifestações de desprezo. Não proponho aqui uma *renovação* da vingança clânica (pagar a dívida de honra com um ato de revanche), mas articulo o princípio de uma vingança política ou estética como saída "por cima" da vergonha, para além da ambição revanchista. O que Annie Ernaux chamava de "vingar sua raça".[16] Retornaremos a isso com mais calma em breve.

É característico dessa fúria política produzir uma reflexão sobre a vergonha. Uma frase de Camus em *O primeiro homem* pode servir de exemplo. O pequeno Jacques (duplo literário do autor) volta às aulas depois de ter conseguido uma bolsa de estudos graças a seu professor. Pede-se a ele, em aula, para anotar em sua ficha de apresentação a "profissão de seus pais". Seu pai está morto e sua mãe faz uma faxina atrás da outra para conseguir sustentar a família. Então ele hesita: governanta? Não, não, cochicha seu colega de classe, você tem que escrever "doméstica", pois "governanta" é outra coisa. "Doméstica"? Mas o que quer dizer doméstica: serva, escravizada. Vergonha: na verdade é isso, minha mãe trabalha de empregada na casa dos outros.

---

**15**  Aristóteles, *Retórica*, livro II, trad. Vinicius Chichurra. Petrópolis: Vozes, 2022.

**16**  Grégoire Leménager, "Annie Ernaux, 'Je voulais venger ma race'". *Bibliobs*, 9 dez. 2011.

Camus prontamente expõe a ambiguidade dolorosa dessa vergonha infantil: pois se tenho vergonha de minha mãe, é porque a considero desprezível, apesar de ela corajosamente e sem descanso desgastar sua vida para nos alimentar. Ela vira, então, no mesmo instante, vergonha da minha vergonha.

> Jacques começou a escrever a palavra, parou e conheceu de uma só vez a vergonha e a vergonha de sentir vergonha.[17]

Não podemos colocar as duas na mesma categoria. A primeira interioriza o desprezo. A segunda é um susto, uma indignação. Fúria contra si mesmo, contra a própria prontidão em trair, em validar um sistema de valores injustos. Minha mãe – Jacques entende de forma confusa –, mesmo como doméstica, ela não trabalhava *para os outros*: ela trabalhava para os seus filhos.

---

**17** Albert Camus, *O primeiro homem* [1994], trad. Clóvis Marques. Rio de Janeiro: Record, 2022, p. 187.

# Uma história de fantasmas

A oposição inicial que estabelecemos entre a vergonha como completamente externa (suscitada pela opinião dos outros) e a culpa como totalmente interna (de foro íntimo) foi pouco precisa e grosseira. Sem dúvidas, as coisas são mais complexas. É sempre *em relação a um outro* – que eu ofendi injustamente, negligenciei escandalosamente ou por quem sou assombrado – que me sinto culpado. Se existisse um estribilho da vergonha, ele seria: "E eu, e eu, *e eu...*". Ao me dar conta de que sou refém da opinião alheia, descubro que sou, essencialmente, escravo de minha própria imagem.

Afinal, nada mais íntimo que a vergonha, porém uma intimidade percorrida, atravessada e perturbada pela presença dos outros. Entender a vergonha é aceitar assistir ao colapso da distinção delimitada entre "eu" e os "outros". Sobre isso, Montaigne escreveu: "Existem tantas diferenças entre nós e nós mesmos quanto entre nós e os outros"[1] – às vezes queremos ir além: mais distância de si para si que de si para os outros.

---

1 Michel de Montaigne, *Os ensaios* [1695], trad. Rosa Freire Aguiar, org. M. A. Screech. São Paulo: Companhia das Letras, 2010.

*Eu* e *os outros*, em um dado momento de análise a distinção cai por terra. Psiquicamente, os dois blocos se invertem, se esfarelam, se desintegram. O eu é formado por outros que nem chegam a constituir um todo compacto, mas se decompõem em fragmentos (pais, amigos, colegas) nos quais cintilam facetas do eu. O volume delimitado de meu corpo poderia dar a entender, por sua vez, que ele tem um proprietário único e estável, mas, para retomar a expressão de Nietzsche, isso não passa de uma "ficção útil". O eu está longe de compor um nó compacto, uma identidade fechada; ele está cheio de fantasmas, dividido, dilacerado. O segmento separado de meu corpo constitui somente uma unidade em nível macrobiológico. Há décadas a imunologia nos ensina que a vida é feita de transações contínuas para acolher colônias de microorganismos, hospitalidades ativas negociadas ao infinito com bactérias, vírus e parasitas. O eu físico é todo pluralizado, recheado, ocupado pelos fantasmas dos outros – ou talvez os traços reais dos outros que, ao se sobreporem, desenham o fantasma de um eu.

Para descrever essa dança incerta, pegarei emprestados três conceitos da psicanálise. Suas hipóteses fundamentais (o inconsciente, o recalque etc.) a conduziram a descrever a consciência de si como um arquipélago fragmentário, espuma do mar trazida por correntes mais profundas que ela mesma. Ela introduziu no psiquismo inúmeras figuras, ao mesmo tempo reflexos do eu e depositárias das exigências dos outros. Chamo atenção para três delas que produzem tipos diferentes de vergonha: o "supereu", o "eu ideal" e "o ideal do eu".

Primeira pergunta: nós podemos, e até que ponto, ter vergonha de nós mesmos? As experiências de vergonha mais apreciadas nas narrativas dos psicanalistas privilegiam a ardência do olhar do outro, o sofrimento moral causado por seu desprezo, seu desdém, suas chacotas ou, ainda, o sentimento de vazio, o furioso desejo de desaparecer, o constrangimento de simplesmente estar aqui, existir.

## 48   Uma história de fantasmas

A vergonha parece sempre surgir da aparição de um outro, de sua intervenção. A nudez, a sujeira e o vício só são vergonhosos diante do outro. Sartre, em um texto conhecido, defende que sabemos apenas passar vergonha diante de um público.[2]

Entretanto, se o outro se sente à vontade *em mim*, sob a forma de espectros flutuantes, se muitos aspectos pessoais são apenas dobras, inflexões do outro, então o que chamamos de solidão é bastante relativo. Eu nunca estou tão sozinho e o outro não está necessariamente do lado de fora. Normalmente, diríamos sobre alguém que, desfrutando de impunidade, cometeu atrocidades, infâmias, se deixou corromper, agiu de maneira abjeta: "Mas como ele não tem vergonha, como consegue se olhar no espelho?". Evocamos uma vergonha face à sua própria consciência. Mas essa consciência, justamente, não é nem essa presença em si mesmo ou no mundo que faz de mim um ser desperto, nem essa potência cognitiva, essa capacidade de síntese definida pelos psicólogos. É a *consciência moral*, algo como um olho interior – aquele que, invencível, irredutível, no poema de Victor Hugo "observava Caim".[3]

Esse olho superior, essa intimidade moral sobranceira é entendida como a inscrição em nós de um grande Outro. "Pensamento de Deus", escreve Hugo.[4] Esse olho é um dentro-fora. Kant, em um texto sobre "a corte de justiça interior", o compara a um "juiz" que faz com que me sinta "observado, ameaçado e, em geral,

---

**2**  "A vergonha, em sua estrutura primeira, é vergonha *diante de alguém*." Jean-Paul Sartre, *O ser e o nada* [1943], trad. Paulo Perdigão. Petrópolis: Vozes, 2007, p. 289.

**3**  Victor Hugo, "La Conscience", in *La Legende des siècles* [1859-83]. Paris: Éditions du Dauphin, 1947.

**4**  Id., "La Conscience de l'homme c'est la pensée de Dieu", in *Les Châtiments* [1853]. Paris: Gallimard, 1998.

intimidado".[5] Ele continua: "sombra" que me segue inexoravelmente, "voz" que não pode deixar de ressoar. Mas, para que minha própria consciência possa ser meu juiz, para que eu possa temê-la, é preciso que, a partir de um ato de divisão interior, eu a represente de forma que não coincida perfeitamente comigo, que eu a projete como essa transcendência que me domina. Eu estou diante de mim mesmo, sim, salvo que este segundo eu é um outro. Freud criou o conceito de "supereu". Ele substituiu as abstrações kantianas (a consciência como juiz superior, a ideia de humanidade em mim) por imagens mais concretas ao explicar: o que nutre minha consciência moral são as censuras parentais introjetadas, a figura interiorizada do pai severo, castrador. Podemos preferir, a esse familiarismo, um sociologismo que verá desta vez na consciência moral o depositário das regras sociais, a estrutura permanece a mesma. A consciência é sempre descrita como parte do eu que, em mim, é o representante, a inscrição de um Outro (Deus, Juiz, Pai, Sociedade etc.) diante do qual, uma vez designado como instância separada, dissociada, eu posso perfeitamente sentir vergonha. Mas então tornamos mais porosa a fronteira entre vergonha e culpa. Acima de tudo, o que resta é o terror, o sofrimento de uma exposição a um olhar dominante e maior. Vergonha moral.

O segundo espectro freudiano é o "eu ideal". Ele propõe outro elemento: a vergonha narcísica. Por "eu ideal" devemos entender essa parte de nós mesmos alimentada por um fantasma de onipotência e controle ilimitado. É esse pequeno eu tirânico que deriva seu gozo de uma afirmação desmedida, que se compraz em projeções imaginárias de dominação e não suporta nenhum limite. A vergonha se produz, portanto, como uma queda, como um baque

---

**5** Immanuel Kant, *Metafísica dos costumes: primeiros princípios metafísicos da doutrina da virtude*, trad. Clélia Martins. Petrópolis: Vozes, 2013, p. 251.

## 50 Uma história de fantasmas

contra o rochedo do real: momento no qual o pretensioso é desmascarado, no qual a criança muito segura de si encontra o fracasso e o riso. É o fiasco daquele que acreditava em si e se choca contra a parede da realidade, que nunca confirma as ilusões de onipotência. A vergonha narcísica abrange o momento de derrota e de desilusão.

Ela é muito bem cotada entre os psicanalistas. É sua forma de moralismo: encorajar a renúncia aos desejos impossíveis, fazer do confronto com as necessidades mais duras o símbolo de uma cura bem-sucedida. A vergonha se torna um marcador de uma transição virtuosa: da psicose à neurose, do imaginário complacente ao simbólico laborioso. Ela é o indício emocional da monstruosidade do desejo, da aceitação responsável da finitude, da pedagogia das decepções.

Eu não pretendo de forma alguma, ao apontar isso, minimizar a vergonha narcísica, mas sobretudo denunciar as posturas do "envergonhar" que se autorizam nesse modelo: quando o psicólogo se coloca como pregador secular dos desejos impossíveis, o representante juramentado do princípio de realidade. De fato, nossas existências são pontuadas por esses lembretes de humildade que nos causam dor, nos obrigam à paciência, à exigência. Podemos até considerar como patológicas as condutas inteiramente direcionadas ao afastamento dessas feridas, mobilizadas pelo terror de sofrê-las. Podemos citar como sinais notáveis da vergonhofobia a raiva e a perversão narcísicas. O perverso narcísico[6] é precisamente aquele que se dedica a aprisionar o outro (o parceiro, a amiga, a amante) na vergonha para, com esse lembrete insistente, bloquear e impedir qualquer eclosão em si mesmo – é a esposa, a namorada que deveriam sentir vergonha, tomar cons-

---

6 Inicialmente observado, descrito e teorizado por Paul Claude Recamier, em 1986.

**51**

ciência de sua insignificância etc. A raiva narcísica,[7] por sua vez, pode ser descrita como uma forma de recusa furiosa diante de qualquer desafio ao ego, uma reação colérica face a uma situação de inferiorização. Um acesso de fúria incontrolável, acompanhado de gritos e insultos, contra um mundo que denunciamos como tremendamente injusto... Em vez de aprendermos com nossos fracassos, nos colocamos como grandes vítimas, anulamos a mordida das pequenas feridas narcísicas nos submergindo em um furacão de raiva.

Problema para concluir: pode-se objetar que a vergonha narcísica ofusca o fantasma interior do outro, visto que ela supõe, ao contrário, uma afirmação exagerada do eu em detrimento dos outros. E, entretanto, quando Freud fala de *"His Majesty the Baby"* [Sua Majestade, o Bebê],[8] ele traça uma inclinação. Certamente, poderíamos dizer: sim, é claro, o bebê se confunde inteiramente com o princípio de prazer. É a idade do narcisismo primário. Mas, ao empregar esta expressão, *"His Majesty"*, Freud indica outra coisa: esse delirante amor por si foi alimentado, moldado pelo amor parental, pela dedicação materna, pela adoração paterna, de tal forma que o eu é sempre um cadinho de identificações – além disso, sabemos quanto o indivíduo narcisista necessita de espectadores: nada alimenta melhor a autoadoração que uma multidão extasiada de testemunhas.

Evocamos, para terminar, uma terceira forma de vergonha que chamaremos de "ideossocial". Esse adjetivo corresponde ao

---

**7** O termo foi criado por Heinz Kohut (cf. suas "Réflexions sur le narcissisme et la rage narcissique". *Revue Française de Psychanalyse*, n. 42, n. 4, 1978, pp. 683-719).

**8** Sigmund Freud, "Introdução ao narcisismo" [1914], in *Obras completas*, v. 12, trad. Paulo César de Souza. São Paulo: Companhia das Letras, 2010, p. 37.

## 52   Uma história de fantasmas

conceito freudiano de "ideal do eu". Trata-se do "eu", mas tal como eu gostaria de parecer aos olhos dos outros ou ressoar em seus discursos. Trata-se dos modelos sociais aos quais me esforço para corresponder, figuras exemplares, admiradas, às vezes elevadas a tal ponto que sinto apenas uma defasagem dolorosa em relação a elas. Não me *identifico* com essas figuras gloriosas em orgias narcísicas duvidosas. Elas flutuam, me cercam e me nutrem de um ódio por mim mesmo. Sinto-me "insuficiente" nisso, "excessivo" naquilo, "não como deveria ser". Minha vergonha é permanente, mas não é a ferida exterior e pontual do real que a produz. Sou sobretudo eu que me envergonho por comparações sempre desvantajosas. Eu me decepciono ao longo de um solilóquio ambíguo. Então, o que será: uma humildade salvadora que me permite avançar ou uma humildade ácida que corrói lentamente a autoconfiança? Uma escultura de mim que só adota modelos exigentes ou uma busca sem fim, e desde já fracassada, por reconhecimento?

O livro de Betty Friedan que tanto incomodou os Estados Unidos nos primeiros anos da década de 1960 baseia-se em uma denúncia desse mecanismo de autodesvalorização fundamentado em ideais alienantes. As maravilhas ostentadas pelo *American way of life*, ela explica, a sociedade do consumo e do conforto, a liberação que os aparelhos eletrodomésticos e os novos meios de comunicação *deveriam* trazer para a mulher casada, permitindo que ela pudesse se dedicar integralmente aos filhos, ao seu corpo, à sua beleza, ao seu marido (à carreira dele), todos esses estereótipos edulcorados de felicidade e realização familiar difundidos com grande pompa pela publicidade tiveram como efeito principal e massivo envergonhar as mulheres, pois eles funcionaram massivamente como ideais opressivos. Restava a elas se darem conta de que eram más mães, más esposas, mulheres fracassadas que diziam a si mesmas que ficar em uma casa com jardim cuidando de tudo não as fazia tão felizes, que elas não tinham tanto prazer em arrumar a casa modelo, em ensinar o dever de casa aos filhos, em amar o marido, em dar de comer a todos. A felicidade (ou melhor, sua imagem) é deprimente quando funciona como ideal. A imagem da felicidade envergonha aquela que se vê deprimida pela própria insatisfação, aquela cuja frustração a obriga a correr atrás de objetos que deveriam produzir e encarnar a felicidade, mas que foram concebidos para decepcionar.[9]

Mais uma vez, um ideal do eu é sempre o ideal dos outros: as ambições das pessoas próximas, que eu gostaria de atingir a fim de agradá-las, ou os conformismos sociais promovidos pelas indústrias de massa. Em definitivo: projeções parentais ou desejos estereotipados. Aqui e ali, minha vergonha é menos por não estar à altura de minhas exigências do que por falhar em atender as expectativas dos outros. Vergonha de não ser a filha que realiza as aspirações parentais com suas conquistas, de não ser o amigo muito legal e simpático, adorado pelo grupo. Nos desmerecemos com diplomas e um salário que não correspondem às expectativas de classe. Com trabalhos pouco valorizados socialmente, temos medo de não nos "garantirmos" diante de nossos amigos ou de nossos próprios filhos.

Última reviravolta conceitual. A primeira foi dizer: o que vocês chamam de ideais do eu são na verdade os ideais dos outros. Salvo que: "O que os meus pais e os meus amigos gostariam de me ver ser" é, sobretudo, "o que eu imagino que eles gostariam que eu fosse". Estamos longe da simples introjeção automática de ideais externos: na vergonha reside o simples desejo, desesperado e nu, de ser amado.

Essas três vergonhas tratam sempre de uma experiência de inferiorização, de um rebaixamento diante: da Moral despótica,

---

**9**  Betty Friedan, *A mística feminina* [1963], trad. Carla Bitelli. Rio de Janeiro: Rosa dos Tempos, 2020.

## 54  Uma história de fantasmas

da Realidade implacável, do Ideal tirânico. Quando pensamos em nossas existências passadas, desgastadas pelas tentativas de se passar por uma boa pessoa, sacrificadas aos fantasmas, se esforçando para corresponder ao que acreditamos ser o desejo dos outros... Essas três vergonhas – haja tempo para exorcizá-las com todas as nossas forças, para conjurá-las com todas as nossas fibras. Mesmo que isso signifique mentir furiosamente para nós mesmos, o imperativo absoluto é enganar o mundo.

—

O caso Romand pode ser lido como uma tragédia da vergonhofobia.[10] Retomemos os fatos: Jean-Claude Romand, em um sábado de manhã, 9 de janeiro de 1993, assassina sua mulher e seus dois filhos. Em seguida, pega o carro e vai até a casa dos pais, onde os assassina a sangue frio, juntamente com o cachorro deles. Na mesma noite, vai a Fontainebleau e tenta matar sua amante. Ele passa o domingo sozinho em casa, na companhia dos três cadáveres. Ao amanhecer, engole barbitúricos vencidos antes de atear fogo na casa, tomando o cuidado, pelo menos, de abrir bem as janelas. Os bombeiros rapidamente são chamados e o salvam das chamas. Pouco depois, após sair de um breve coma, tem início seu interrogatório, e vêm as perguntas.

Os juízes e os psiquiatras vão pacientemente reconstruindo o impensável. Jean-Claude Romand não somente confessa ser o autor de todos os crimes como acaba revelando uma vida de mentiras e mistificações. Ele mentiu por vinte anos a todos: seus pais, sua família, seus amigos e seus vizinhos. Ele enganou e abusou de todas as pessoas a seu redor e ninguém sabia de nada. Ele se dizia médico-pesquisador na Organização Mundial de Saúde (OMS);

---

**10**  Cf. Denis Toutenu e Daniel Settelen, *L'Affaire Romand: Le narcissisme criminel*. Paris: L'Harmattan, 2003.

enquanto isso, todas as manhãs, depois de dar um beijo em sua mulher e em seus filhos, vestido de terno, ele saía, estacionava no acostamento de rodovias e ali passava o dia inteiro, trancado em seu carro, lendo revistas médicas. Ou então caminhava um pouco nas florestas do entorno. Ninguém nunca desconfiou de nada.

Em setembro de 1975, ele comemorou com seus pais a conclusão de seu segundo ano no curso de medicina. Os pais o parabenizam, ele dá um sorriso modesto. Mas ele não fez a prova. Nos anos seguintes, ele se reinscreve no segundo ano para conseguir uma carteirinha de estudante, ir à faculdade, frequentar bibliotecas. Ele contará sobre as novas disciplinas e celebrará suas "aprovações" nos exames seguintes.

Uma existência toda falsificada e a impossibilidade de confessar a fraude. A engrenagem da mentira: em um dado momento, Jean-Claude Romand ultrapassou um limite para além do qual se tornou impossível arrancar a máscara que ele colocou ao anunciar "Eu consegui!" aos pais orgulhosos. Porque essa máscara havia se tornado seu rosto. Tragédia da vergonhofobia. Durante vinte anos, para conseguir manter as aparências e oferecer à família um nível de vida condizente com seu suposto status, ele roubará seus pais, seus sogros, as pessoas próximas a ele, a quem prometia retornos enormes se lhe confiassem suas economias, seus fluxos de caixa (venda de uma propriedade, carro etc.), com a condição de serem pacientes e discretos. Todos responderam sim. É preciso dizer: um médico da OMS, que trabalha em Genebra, conhece os filões...

Os psiquiatras especialistas enviados ao impostor criminoso usaram a carta do "eu ideal", diagnosticando uma "patologia narcísica grave". O relatório deles insiste no impacto traumático do cursinho preparatório. Na volta às aulas de 1971, Jean-Claude Romand, recém-saído do casulo familiar (com um histórico escolar irretocável), é aceito no prestigioso Lycée du Parc, em Lyon. Ele passa por um trote humilhante, conhece pessoas brilhantes ("Eu

## 56 Uma história de fantasmas

entrei no templo do intelecto"), e é confrontado, ele, filho de um administrador florestal, com filhos de médicos, de advogados, de intelectuais. Ele não aguenta: no feriado de Todos os Santos, adoece e abandona tudo. Alguns anos mais tarde, no momento de sancionar seu segundo ano de medicina em junho, ele perde a hora de acordar para fazer a prova. Na época das avaliações de setembro, ele sofre uma queda, o que o impede de comparecer às provas, mas seus pais protestam e asseguram que o levarão pessoalmente ao centro. Ele não chega a cruzar a porta da sala, mas à noite reporta que tudo correu bem.

O romance de Emmanuel Carrère, *O adversário*, inspirado nesse caso, recorre ao "ideal do eu" para representá-lo: Jean-Claude, à custa da mentira, lutou para abraçar uma profissão reconhecida socialmente até perder todo traço de identidade própria: "Por trás da fachada social, ele não era nada",[11] "sair da pele do dr. Romand era o mesmo que se descobrir sem pele, mais que nu: esfolado". Viver na vergonha é sobretudo viver o terror de ter de sofrê-la.

Jean-Claude Romand, solto em junho de 2019, e tendo encontrado a fé na prisão, recolheu-se em um monastério. Dispondo sua vergonha sob o olhar perpétuo de Deus, entregando-a à honra do supereu, ele completa, assim, a trindade dos espectros.

———

Esses três fantasmas dos outros em mim (supereu, eu ideal, ideal do eu) não constituem polos separados, impermeáveis – Freud nunca distinguiu claramente os dois últimos, ele entendia muito bem que "se amar excessivamente (ou mal)" e "ser excessivamente (ou mal) amado" dependem um do outro e sustentam um ao outro. Já o "supereu" tirânico sustenta o jogo do ideal do eu ao tornar as

———

**11** Emmanuel Carrère, *O adversário*, trad. Marcos de Castro. Rio de Janeiro: Record, 2007.

exigências mais duras e alimentar as complacências do eu ideal, convidando aos gozos masoquistas. Cada instância procura a cumplicidade da outra.

Devemos nos perguntar, entretanto, se a época contemporânea não estaria vendo uma sobreposição sistemática das três vergonhas (moral, narcísica, ideossocial), que, mais do que se organizarem em uma simples relação dialética, se fundem em uma espiral vertiginosa. A grande era disciplinar (aquela das sociedades neuróticas, normalizantes, culpabilizantes) associava cada uma dessas instâncias a um polo que a colocava sob seu controle (a lei estruturava o supereu, a norma social alimentava o ideal do eu, o pecado continha o eu ideal), de tal forma que elas formassem as três pontas de um triângulo, indissociáveis mas separadas. Há algumas décadas, a presença de um ideal de "performance" em todos os setores (pessoais, profissionais, familiares etc.) deu início a uma dinâmica que os arrasta para um turbilhão louco: injunção tirânica (supereu) de gozar de si (eu ideal) através do reconhecimento de empregos valorizados (ideal do eu), onde encontramos nosso apogeu e nossa realização. O que chamamos de "neoliberalismo", em seu aspecto ético, é a construção dessa espiral: *Divirtam-se em seus superempregos, é uma ordem!* Ou então passem vergonha.

———

Último capítulo de *O processo*, de Kafka – ele foi escrito antes de todos os outros, em 1914. Leio a última frase – aquela que deu um nó na garganta de Primo Levi: "'Como um cão', disse K. Era como se a vergonha devesse sobreviver a ele".[12]

Me pergunto por que tantos críticos consideraram *O processo* como o grande romance sobre a culpa. É certo que a sensação de

———

**12** Franz Kafka, *O processo* [1925], trad. Modesto Carone. São Paulo: Companhia das Letras, 2005, p. 278.

## 58  Uma história de fantasmas

estranheza ao lê-lo provém justamente das figuras da culpa, flutuantes e fantasmagóricas, que encontramos na narrativa (juízes improváveis, tribunais não encontrados, assistentes de justiça insólitos), dentre os quais emerge Joseph K., que, justamente, nunca veste as roupas da culpa. K., no fundo, não se sente culpado – apenas um pouco atropelado pelos acontecimentos, surpreso, irritado e preocupado, apesar de tudo, com o desenrolar e a conclusão de toda essa história.

Quando, no fim do romance, os dois carrascos vêm à sua casa para prendê-lo, ele não oferece nenhuma resistência. Mas não tanto para satisfazer uma culpa inconsciente quanto por uma mistura de incredulidade, derrotismo e medo do escândalo. Os carrascos procuram, em seguida, um terreno baldio para assassiná-lo; por fim encontram um lugar apropriado, e K. sente que eles vão executar sua tarefa em breve. É então que ele vê ao longe, inclinado para fora da janela do último andar de uma casa junto à pedreira, um indivíduo que estende os braços. Pouco depois os carrascos enfiam a faca em seu coração e a vira "duas vezes".

"'Como um cão', disse K. Era como se a vergonha devesse sobreviver a ele."

"Como um cão." Incapaz até de morrer corretamente. Sangrado na rua como um animal vulgar. E o outro ali, olhando para mim. Ele deveria ter, agora há pouco, quando ainda dava tempo, pegado a faca e a enfiado heroicamente em seu próprio ventre. Mas agora é tarde demais. Isso teria sido mais conveniente, no fim das contas, mas não: incapaz até mesmo de escapar de uma morte lamentável. Ao mesmo tempo, tudo tinha começado mal: os assessores da morte que me enviaram, desajeitados como nunca vi.

Como a suicida que, antes de perder a consciência por completo, nota tarde demais uma mancha de gordura em sua camisa. Como o fuzilado que, com as mãos atadas antes dos fuzis dispararem, percebe que seus cadarços estão desamarrados. "Ah não, essa agora não."

É essa melodia, esse sopro que finalmente preencherá nossas existências. Até o fim. Não os órgãos vibrantes do erro e da culpa, mas o cacarejo estridente da vergonha. Ironia cruel de Kafka. O último minuto de vida de K. na Terra não terá sido um momento de reflexão profunda, de iluminação crucial. Ele é tomado por esse pequeno obstáculo de consciência: que falta de classe singular em minha morte. E o pior, escreve Primo Levi, é que "cada um de nós morrerá mais ou menos assim".[13]

Eis ao que serão consagrados nossos últimos instantes na terra: perguntar-se "Será que estou à altura, que consigo ser simpático o bastante, agradável etc.".

> Se me examino no tocante a meu objetivo final, o que resulta é que não almejo de fato tornar-me um bom homem em consonância com um tribunal supremo, e sim, bem ao contrário, quero abarcar com os olhos toda a comunidade de homens e animais, conhecer suas preferências, seus desejos e ideais morais fundamentais, reduzir isso tudo a preceitos simples e me desenvolver o mais rapidamente possível nessa direção, a fim de me fazer agradável a todos [...].[14]

Retomo mais uma vez a frase: "É como se a vergonha devesse sobreviver a ele". *Como se*, escreve Kafka. Pois ele não sabe muito bem: no fundo, ninguém se importa e as vergonhas nunca sobrevivem. Toda uma existência drenada até o último segundo pelo medo do ridículo, estratégias patéticas para conquistar o favor de pessoas que em nada interessam, ocupadas demais com o próprio delírio de "parecer".

---

**13**  Primo Levi, *Il manifesto*, 5 mai. 1983.

**14**  F. Kafka, *Diários (1909-23)*, trad. Sergio Tellaroli. São Paulo: Todavia, 2021, p. 491.

# 60 Uma história de fantasmas

Mas enfim: teremos passado a vida nos perguntando como viver, amar, morrer, falar. E estar à altura. À altura de quem, do quê? Ninguém sabe.

# Melancolia

Até aqui evocamos duas posturas frente à vergonha: o desprezo (hierárquico) e a indignação (virtuosa). Existe ainda uma terceira: o nojo insuperável. Descobrir-se ou sentir-se miserável, infame, sujo: vergonhoso. Discriminação social, moral, física. A força da última cena de *O abatedouro* (1877) de Zola está na sobreposição das três posturas, quando ele coloca em cena a queda final de Gervaise. Reduzida à miséria extrema, imunda e gorda, ela tenta vender seus "encantos" na rua de forma lamentável e é então tomada de vergonha ao avistar, sob a luz de um lampião, sua sombra enorme, hedionda.

A vergonha associada à sujeira, à imundície, encantou os psicanalistas especializados nas fases pré-edipianas. Eles encontraram nela toda a ambiguidade da aprendizagem esfincteriana: valorização inicial (bravo!) logo contrariada por uma desvalorização enojada (eca!). Freud, no prefácio de um volume importante sobre os ritos escatológicos, foi ainda mais longe: o homem e a mulher, através da vergonha de seus excrementos, exprimem todo o constrangimento ressentido sobre esse "resíduo terres-

## 62  Melancolia

tre".[1] Nosso corpo (suas necessidades, seus dejetos, seu peso, sua espessura) é nossa parte incorrigível e seria necessário encontrar, por trás da vergonha da sujeira, aquela do corpo mesmo, estigma de uma condição terrestre pegajosa, lembrança dolorosa de que não somos espíritos puros, que nossos ideais de pureza, nossos sonhos de leveza transparente se chocam com o peso do corpo. É a vergonha existencial, radical, de Ellen West, na descrição de Ludwig Binswanger.[2] Max Scheler, no mesmo espírito, escreve que o pudor seria "o espírito que se envergonha do corpo". Com certeza o corpo envergonha a alma.[3]

Nessa mesma perspectiva, poderíamos evocar o forte estereótipo cultural que associa a menstruação a uma sujeira a ser escondida, aquilo de que não se fala.[4] Até pouco tempo atrás, as jovens descobriam, em uma angústia fulminante, que a menstruação existia na primeira vez que menstruavam e as mães revelavam, então, seu significado por meio de discretas conversas privadas. É como se a descoberta de si como uma "verdadeira" mulher devesse acontecer através da vergonha, como se a afirmação de seu novo ser sexual, fértil, tivesse que assumir, desde o início, a forma do tabu. Para além de inferiorizações sociais, históricas, contingentes e corrigíveis (embora recorrentes), a vergonha de ser mulher encontra ecos em todo tipo de cultura e mentalidade.

---

**1** Sigmund Freud, "Prefácio a *Ritos escatológicos do mundo inteiro de J. G. Bourke*", in *Obras completas*, v. 10, trad. Paulo César de Souza. São Paulo: Companhia das Letras, 2010.

**2** Ludwig Binswanger, *Le Cas Ellen West: Schizophrénie*. Paris: Gallimard, 2016.

**3** Max Scheler, *Über Scham und Schamgefühl* [1913]. Leipzig: Der Neue Geist Verlag, 1933.

**4** Aurélia Mardon, "Honte et dégoût dans la fabrication du féminin". *Ethnologie Française*, v. 41, n. 1, 2011, pp. 33-40.

A psicanálise, em uma ortodoxia freudiana duvidosa, muitas vezes insiste nesse ponto, descrevendo o desejo das garotas e das mulheres como sendo estruturado e assombrado pela privação-inveja do pênis, um desejo que não organizou as coisas: como se, definitivamente, elas devessem ser definidas por uma falta. Codificando a sexualidade feminina no léxico da carência, do déficit, da ausência, a psicanálise, de forma sempre insidiosa, mas *efetiva*, deslocou-a ao status de uma vergonha a ser carregada.

___

Esses três grandes domínios da vergonha (pobreza social, infâmia moral, sujeira física) abrem feridas que me machucam, humilhações que me paralisam. Mais precisamente, quando o outro de repente me olha, me rotula, me julga, eu me sinto relegado, excluído do coletivo das pessoas "boas", "normais", "respeitáveis", "amáveis" (ou mesmo, por vezes, do coletivo dos "seres humanos"), rejeitado. Eu perco o chão. Descubro espantado que a civilidade das relações sociais (uma polidez um tanto automática ou mesmo uma indiferença neutra) me fornecia, apesar de tudo, uma base sólida da qual eu nem tinha consciência e que mantinha meus pés firmes na terra. A vergonha sofrida é a experiência de queda, de abandono. O tímido, confuso, recolhe seus braços sobre o corpo, abaixa a cabeça. Ele sente o chão se abrir e tenta não cair. Ele fazia parte do grupo, pensava que era um dos ramos da árvore social e, de repente, é como se não tivesse mais nada em que se segurar. No entanto, poderíamos dizer: o nojo físico, o desprezo moral, a indignação social são formas de reunir, de unificar o grupo, que se autoconstitui como "majoritário".

___

A tarefa de entender o que constitui uma sociedade, de compreender como passamos de uma "multidão" (justaposição anárquica de

## 64 Melancolia

indivíduos) a um "povo", de uma dispersão de indivíduos a uma comunidade sólida, recebeu, como sabemos, respostas convenientes da parte dos pensadores políticos. Fala-se de um "contrato social", de um "pacto fundamental", reconstrói-se, pelo pensamento, um ato unânime realizado por uma reunião de seres racionais mediante o qual todos e cada um consentem em limitar sua capacidade de ação, a delegar a uma autoridade única a promulgação de regras comuns. É uma genealogia racional do social, embora saibamos que apenas as paixões reúnem e que a razão divide. Assegurando seu reinado nos livros e nas demonstrações, essa lenda do pacto racional reconcilia somente o pensador e o seu pensamento.

Mas são as paixões que delimitam uma comunidade, que a encerram em uma unidade: o medo, o ódio, a adoração sectária etc. – cada uma dá conta de um volume específico de exterioridade: o *exterior* (paixões hostis), a *transcendência* (paixões idólatras), a *margem* (paixões mortificadoras).

As comunidades hostis são fáceis de definir. Constata-se prontamente que nada consolida um coletivo como o ódio e o medo. É ao oferecer um inimigo para odiar, um estrangeiro para temer, que ele se constitui como povo, se consolida como grupo. O inimigo faz esquecer as divisões internas, os rancores antigos. O estrangeiro faz surgir a identidade de um "Nós" como aquilo que deve ser preservado contra toda alteração. Todas as frustrações, os ciúmes ácidos, todos os ressentimentos rançosos que fazem da vida em comum um inferno são magicamente superados tão logo se projeta esse fora ameaçador que leva todos a "unir forças" – a lógica do bode expiatório.

As comunidades idólatras, ao projetarem um ser superior em uma transcendência dourada, permitem superar rivalidades invejosas, competições arraigadas. Entre irmãos e irmãs, a questão lancinante é saber se não preferirão outro a mim. É o veneno da existência e o protótipo dos rancores. O ser adulado, ao contrário (ele é tão distante, superior, que não pode preferir ninguém), instaura na comunidade uma igualdade de adoração. La Boétie havia alentado que o segredo das sociedades políticas reside nesse feitiço: todos "encantados e enfeitiçados apenas pelo nome de um".[5] O único fetichizado faz esquecer as diferenças, reúne todos em torno de uma devoção comum.

Por fim, existem as comunidades da vergonha. O grupo se forma, dessa vez, a partir da designação horripilante de um ser que supostamente representaria o vício. Depois do exterior e da transcendência: a margem. Lembro-me da imagem do primeiro capítulo de *A letra escarlate* (1850): Hester Prynne, exposta no pelourinho por adultério, firme em sua recusa de revelar o nome do pai, carregando sua filha nos braços, com a letra A costurada em vermelho no topo do vestido como uma marca de sangue; Hester, exposta ao opróbrio público diante das portas de uma prisão em Boston – e toda a comunidade ao seu redor geme de nojo. Lembro também das fotografias das mulheres francesas punidas por colaborarem com os nazistas, em 1945: rostos eufóricos, olhares maus – e aquelas mulheres carecas de olhar duro, perdido, angustiado, a mulher de cabeça raspada do Havre apertando seu bebê contra o peito sob as vaias da multidão.[6] Penso no aluno que é zombado no recreio. Ataques de riso, nervosismos cruéis e as lágrimas que vêm aos olhos e logo escorrem quando lhe apontam o dedo, o menino assediado. E em todos os outros a alegria cruel de estar do lado certo e de se sentir ileso – o alívio secreto de não estar no lugar do outro, sabendo terrivelmente o quanto somos semelhantes. E eu, em matilha, uivo zombeteiro para silenciar o que em mim faz emergir a decadência do humilhado.

---

**5** Étienne de La Boétie, *Discurso sobre a servidão voluntária* [1577], trad. Laymert Garcia dos Santos. São Paulo: Brasiliense, 1999, p. 12.

**6** Fabrice Virgili, *La France "virile": Des femmes tondues à la Libération*. Paris: Payot, 2019.

## 66 Melancolia

No cerne da dor raivosa de ser inferiorizado, discriminado, entra um sentimento de abandono, uma desolação por ter sido deixado, que lhe confere um peso de angústia. Imre Hermann, psicanalista húngaro, teve uma ideia maluca que tentou estabelecer cientificamente em seus livros.[7] Como ele teve essa ideia? Talvez ao observar os primeiros gestos dos bebês – essas minúsculas mãos que se estendem e agarram. Talvez ao consultar gravuras mostrando jovens mães macacas caminhando tranquilamente, com o filhote agarrado à sua barriga ou às suas costas. Tantos pelos, tantos laços. Hermann supôs um *instinto primário de apego* que seria algo como o referente concreto da "necessidade de apego" que será teorizada mais tarde por John Bowlby.[8] Ele imaginou que o déficit de pelos que desencoraja, que aborta toda forma concreta de apego provocou em nossa espécie uma ansiedade surda, contínua, constituindo a matriz de todo mal-estar (angústia, culpa, vergonha). O sofrimento da vergonha provém de um sentimento de abandono, da aflição de ser abandonado pelo grupo no vazio, destacado do Todo, desvinculado, desapegado.

—

*Bola de Sebo*, de Maupassant. Uma viagem de carruagem para fugir da Rouen ocupada. Ali estão três casais (pobres vulgares; burgueses oportunistas; aristocratas pretensiosos), duas freiras, um democrata e, finalmente, uma prostituta rechonchuda (Bola de Sebo) que é mal-recebida por essa "boa" sociedade indignada por ter que compartilhar o espaço apertado da diligência com uma meretriz.

—

**7** Imre Hermann, *L'Instinct filial* [1943], trad. G. Kassai. Paris: Denoël, 1972.

**8** John Bowlby, *Apego e perda: Apego – A natureza do vínculo* [1969], trad. Álvaro Cabral e Auriphebo Simões. São Paulo: Martins Fontes, 2002.

Apenas o democrata Cornudet se diverte. A cena acontece em plena derrota do exército francês para os prussianos, em 1870, derrota essa que representou uma grande vergonha patriótica para todo um povo. A carruagem é retardada pela neve densa. O avanço é difícil, lento, as horas se arrastam, é impossível pensar em se alimentar no curso das próximas horas. Porém, a bela morena que comercializa seus encantos foi previdente: para não gastar muito nos albergues, preparou algumas cestas de provisões. Ela come com gosto em meio aos estômagos que roncam, mas sua simplicidade natural a leva a propor a partilha da ceia. O estômago dessas pessoas respeitáveis prevalece sobre sua "moral" e eles aceitam de bom grado, avidamente.

Segundo ato. A diligência chega ao albergue, ocupado por forças prussianas. Eles dormem, passam uma noite reparadora, mas a carruagem não parte. O oficial proíbe o cocheiro de selar os cavalos. Como Bola de Sebo lhe recusou uma noite de amor, ele, patriota convicto, impede a partida – a menos que, voltando atrás em sua rejeição inicial, ela aceite... Todas e todos ficam indignados, é claro, ultrajados por essa exigência horrível e essa chantagem inacreditável. Os dias passam, as horas se arrastam cada vez mais devagar. O tédio vem, em seguida a irritação e, por fim, a raiva de estar preso, por causa de... de um militar prussiano lascivo? Não: de uma prostituta com sentimentos patrióticos deslocados. É esse o trabalho dela, não é? Cada um faz questão de salientar que, afinal de contas, o interesse coletivo... As freiras enfatizam a grandeza do martírio e Bola de Sebo tem a fé dos ingênuos. Ela entende que o sacrifício é sagrado e, por fim, cede.

Terceiro ato. Todos se apressam à carruagem para uma nova partida. Os viajantes, as viajantes, todos evitam Bola de Sebo. Esforçam-se para não cruzarem olhares com ela. Ostracizada mais uma vez. Parecem incomodados, mas com o quê? Com aquilo a que ela aceitou se submeter ou com o fato de, cada um à sua maneira,

**68  Melancolia**

ter suplicado com insistência para que ela cedesse? De toda forma, ela não recebe nenhum agradecimento nem consolo. Depois de muitas horas de viagem, nenhuma palavra lhe é endereçada, nenhum olhar. É hora de comer. Bola de Sebo não teve tempo de se abastecer. As freiras virtuosas e os casais respeitáveis comem fazendo barulho, sem prestar atenção àquela que lhes permitiu viajar e cuja cesta está agora tão vazia quanto a consciência deles. Ninguém se dispõe a partilhar sua comida com ela. Cornudet assobia a Marselhesa e Bola de Sebo chora silenciosamente em meio ao barulho das mandíbulas.

Flaubert considerava esse relato uma grande obra-prima. Não é apenas a composição dramática que impressiona. Maupassant tem essa lucidez cruel: a indignação ultrajada envolve sempre a expulsão raivosa da própria monstruosidade. O que se rejeita é sua própria parte sombria. A dignidade social, a dos covardes, tem esse preço: ela se constrói pela exclusão. "Que vergonha de vocês!" – como se pudéssemos, dessa forma, nos desfazer do que mantemos enterrado em nós. Nas lágrimas de Bola de Sebo há desgosto e muita raiva de si e dos outros, diante dessa reatribuição: você só pode ser uma prostituta; sua generosidade e sua devoção não mudam nada. A raiva de ter pensado, por um momento, que as barreiras poderiam cair, a vergonha de ter acreditado e a constatação amarga do abandono.

Psicólogos têm investigado a possibilidade de o bebê sentir vergonha. É uma questão improvável com uma resposta impossível. Alguns superaram as dificuldades iniciais e observaram, pesquisaram, foram atrás de sinais externos: a cabeça que se abaixa, os bracinhos que flutuam e o olhar vazio. Eles identificaram um momento-chave: quando a mãe retira bruscamente a boca do bebê de seu seio, sem aviso prévio.[9] Então, por vezes, no lugar do choro,

---

**9** Cf., por exemplo, Silvan S. Tomkins, *Affect, Imagery, Consciousness, v. 2: The Negative Affects*. New York: Springer, 1963.

das demandas raivosas, encontramos essa reação de retraimento um pouco atordoada, de resignação triste, de que podemos dizer que é a matriz, talvez fantasiada; mas a imagem é forte, no mínimo o símbolo da vergonha melancólica: vergonha simplesmente de ter acreditado, de ter tido a capacidade de imaginar que talvez ele tivesse sido um pouco amado, admirado, apreciado. Vergonha do abandono que não é mais sustentada pelo olhar do outro, mas, ao contrário, pelo desdém indiferente do outro.

*O medo, a certeza inveterada de não ser amado, cria na boca do estômago esse lago congelado, tranquilo. Às vezes, porém, pesa tanto quanto uma bigorna. Mas que importância tem isso? A vida continua. É só um pouco de vergonha.*

# Fato social total: o incesto, o estupro (vergonha traumática)

As experiências de vergonhas *sofridas* são traumatizantes nas marcas que deixam. A memória, escreve Annie Ernaux, é "a dádiva especial da vergonha": "A grande memória da vergonha, mais minuciosa, mais intratável que qualquer outra".[1] Lembramos em detalhes das cenas humilhantes, elas escavam em nós impressões com contornos nítidos e formas limpas. Mas também poderíamos nos perguntar, inversamente, se o trauma não conduziria, ele mesmo,

---

1 Annie Ernaux, *Mémoire de fille*. Paris: Gallimard, 2018.

a uma vergonha específica, como se desencadeasse um sofrimento alimentado por uma convicção sombria e mortífera: o acontecimento me designa, aponta o dedo para mim, *eu*. Tenho vergonha porque é *comigo que isso acontece*.

Robert Antelme fala sobre um episódio em que a ss, perseguida pelas tropas aliadas, abandona os campos de extermínio, levando consigo a multidão de prisioneiros e fuzilando um ou outro ao acaso, sem lógica, para fazer o resto avançar. Um italiano é chamado bruscamente: "Você, você, venha aqui". E em vez de empalidecer de medo, o jovem cora. É possível imaginar, como reação, que suas bochechas fiquem ruborizadas de vergonha por ter sido apontado, destacado da massa, quando o objetivo é matá-lo? Que fundo tenaz é esse que repousa em nós a ponto de, na surpresa de um "Ei, você!", fazer submergir o terror de morrer e fazer emergir a vergonha de ser apontado?

"*Du, komme hier*!" Outro italiano é designado, um estudante de Bolonha. Eu o conheço. Eu olho para ele. Seu rosto fica vermelho. Eu olho bem para ele. Ainda me lembro desse vermelho. Ele permanece à beira da estrada. Ele também não sabe o que fazer com as mãos. Parece confuso [...]. Ele ficou corado depois que o soldado da ss lhe disse: "*Du, komme hier, komme hier*!". Ele precisou olhar ao redor antes de reagir, mas foi ele mesmo quem foi designado e, quando não restaram mais dúvidas, ficou vermelho. O soldado da ss que procurava um homem para matar, não importa que homem, o tinha "encontrado".[2]

O trauma é esse acontecimento que desenha em mim uma dobra de vergonha porque escolheu a mim, *eu*, me "encontrou".

---

2 Robert Antelme, *L'Espèce humaine*. Paris: Gallimard, 1978, pp. 240-42.

## 72 Fato social total

Jean-Martin Charcot, no fim do século XIX, propôs uma primeira definição médica, baseada em exemplos de acidentes repentinos e brutais (explosões, choques, descarrilamentos etc.) que, mesmo sem causar nenhuma lesão anatômica visível, provocaram no indivíduo em choque sintomas persistentes e incapacitantes (contraturas, paralisias, mutismos, cefaleias, tremores etc.). A explicação dada por Charcot consiste em pressupor nos sujeitos traumatizados um fundo "histérico", no sentido de uma fragilidade nervosa. A dimensão traumática não seria a consequência da gravidade objetiva do evento disparador, mas da vulnerabilidade congênita do sujeito, de certa forma revelada, despertada pelo choque. Esse diagnóstico delineia um viés cultural que estenderá por muito tempo sua sombra de vergonha, em particular sobre os traumatizados pela guerra: a vergonha sexista de ser rebaixado pela equipe médica à categoria das meninas nervosas. Ser traumatizado significaria não ter nervos fortes, demonstrar uma constituição frágil. Todo o drama das "neuroses de guerra" durante a Primeira Guerra Mundial vem do fato de que as vítimas serão tratadas, no melhor dos casos, como homens que apresentam temperamento fraco, fragilidades nervosas, sensibilidade feminina ou, pior, como impostores, aproveitadores. Eles serão, em todo caso, os "soldados da vergonha".[3]

A inversão de sentido do trauma, na segunda metade do século XX,[4] deve-se às imensas tragédias históricas e pessoais: àquelas dos sobreviventes da Shoá, dos veteranos do Vietnã, dos sobreviventes dos atentados terroristas, das crianças que sofreram incesto etc. A crescente consideração por essas experiências, principalmente mediante sua inclusão na categoria de "estresse pós-traumático"

---

**3** Jean-Yves Le Naour: *Les Soldats de la honte*. Paris: Tempus-Perrin, 2013.

**4** Didier Fassin e Richard Rechtman, *L'Empire du traumatisme: Enquête sur la condition de victime*. Paris: Flammarion, 2011.

(DSM–III), eliminará o fardo pejorativo e desqualificante edificado por Charcot: são de fato os eventos em si, por sua magnitude, por sua maldade objetiva, que são traumatizantes, e não há vergonha em ser abalado pelo horror. Mas, no caso das agressões sexuais (estupros, incestos, abusos), ressurge, entretanto, um núcleo de vergonha singular e irredutível.[5]

———

Para começar, três figuras femininas cujo destino e energia causaram uma reviravolta na história do estupro e do incesto.

A primeira é Anne Tonglet, professora de biologia, e Araceli Castellano, enfermeira infantil, estupradas durante horas em uma noite de agosto de 1974 em uma enseada em Marselha (Morgiou), onde acampavam, por três homens – três pobres coitados, três "fracassados", conforme reconhecerão seus advogados que, para defendê-los, jogarão a carta da estupidez grosseira.[6] Ao amanhecer, após uma noite de violência sexual e terror, as duas mulheres correm para a delegacia para prestar queixa e, em seguida, ao hospital, para o exame de corpo de delito. Os três indivíduos são imediatamente detidos. Eles admitem os fatos, mas declaram estar espantados com essa acusação, alegando o consentimento das mulheres. A juíza de instrução que logo depois recebe as vítimas evocará, em seu relatório, a homossexualidade delas como estratégia furtiva para desqualificá-las e, por meio de perguntas tendenciosas, as com-

———

**5** Especialmente bem estudada por Delphine Scotto di Vettimo em *Vivre et survivre dans la honte: Aspects cliniques, psychopathologiques et théoriques*. Paris: PUG, 2007.
**6** Cf. a estenotipia dos debates, testemunhos e defesas em Gisèle Halimi, *Viol: Le procès d'Aix-en-Provence* (Paris: L'Harmattan, 2012), complementado por J.-Y. Le Naour e Catherine Valenti, *Et le viol devint un crime* (Paris: Vendémiaire, 2014).

## 74 Fato social total

pelirá a "reconhecer" que naquela noite algumas de suas atitudes podem ter aberto margem para confusão, levando os agressores a crer que elas haviam consentido. O que aconteceu foi que, em um primeiro momento, imobilizadas pelo medo, e depois de terem sido ameaçadas e agredidas, elas desistiram de resistir, esperando apenas que aquele calvário terminasse o mais rápido possível.

Após a instrução da juíza, o estupro é, portanto, requalificado como "lesão corporal": os estupradores receberão uma medida corretiva, seus atos criminosos serão equiparados a um cheque sem fundos ou a incendiar uma lixeira. No pior dos casos, eles correm o risco de um breve período na prisão com direito à suspensão condicional da pena. É aí que a coragem das duas mulheres se mostra exemplar, mesmo quando elas enfrentam as provações da depressão, da insônia e das humilhações – Araceli precisa fazer um aborto e Anne, cuja forma de amor "antinatural" agora veio a público, é ameaçada de não ser efetivada como professora titular; durante todo esse tempo os estupradores continuam a viver tranquilamente entre amigos e risadas.

No início dos anos 1970, entretanto, eram raras as mulheres que ousavam sequer prestar queixa após sofrer um estupro: elas sabiam que, além do trauma inicial, teriam de enfrentar um processo judicial marcado, desde o registro da queixa, pela suspeita, pelo desprezo e pelo sarcasmo, e por estas perguntas que são também degradações simbólicas: mas, afinal, o que vocês estavam fazendo lá, *sozinhas*, a essa hora; como estavam vestidas; vocês não teriam consentido *um pouco*; vocês *realmente* resistiram etc.? No fim das contas, cabia a elas carregar a vergonha do ato, e não aos agressores. Mas dessa vez as duas mulheres não cederam. Elas não apenas prestaram queixa como lutaram para que o processo fosse enviado ao Tribunal do Júri, apoiadas por coletivos feministas que se dedicam a derrubar preconceitos e a mudar mentalidades, denunciando a tolerância do estupro como o estigma das dominações masculinas, insistindo sobre suas consequências psíquicas: existência arruinada, depressão sem fim, vergonha crônica.

O Tribunal Criminal de Marselha, encarregado de julgar o caso, é pressionado e, finalmente, em 15 de outubro de 1975, se declara incompetente. O caso, portanto, é reenviado ao Tribunal do Júri. Ao mesmo tempo, o encontro com Gisèle Halimi é decisivo. Impressionada pela coragem das duas mulheres, comovida por sua história, ela decide fazer do futuro julgamento dos estupradores de Marselha um caso exemplar, como ela o havia feito em Bobigny com o direito ao aborto: midiatizando o caso, mobilizando associações feministas, convocando personalidades do mundo político, intelectual, científico e cultural para depor.

O julgamento transcorre num clima eletrizante. De um lado, os "locais", que vieram apoiar os estupradores, fazem ameaças e xingamentos; do outro, militantes feministas manifestam em alto e bom som o seu apoio, celebridades do mundo literário ou político, de Françoise Mallet-Joris a Arlette Laguiller, são convocadas pela defesa para depor. O presidente do tribunal não as deixará prestar testemunho, repetindo que se trata de julgar indivíduos suspeitos de estuprar duas jovens mulheres, e não de levar a julgamento o crime de estupro em si. Gisèle Halimi e Agnès Fichot, entretanto, revelam as contradições, os pontos cegos e as hipocrisias da sociedade francesa. Os estupradores, que até o fim alegarão ser alvos de uma injustiça, de mentiras, são severamente condenados em 3 de maio de 1978. Em dezembro de 1980, uma nova lei sobre o estupro é promulgada na França, fornecendo-lhe uma definição precisa[7] e permitindo uma criminalização mais extensa e sistemática. Anne Tonglet, ao lembrar do caso vinte anos depois, declara: "Em 1978,

---

7 "Qualquer ato de penetração sexual, seja ele de qualquer natureza, cometido contra outrem ou contra a pessoa do autor, com violência, constrangimento, ameaça ou surpresa, é um estupro."

## 76  Fato social total

o processo de meu estupro fez a vergonha mudar de lado pela primeira vez".[8]

—

Seis anos depois, uma outra mulher dá as caras: Éva Thomas, determinada e frágil, em *Les Dossiers de l'écran*, um programa de televisão popular da época. De rosto descoberto, ela apresenta seu livro *Violação do silêncio*[9] que conta a história de um incesto sofrido aos quinze anos. Ao tomar a palavra, ela explica: "Estou falando para sair da vergonha".

Esses dois casos já são antigos, "datados", e é impossível imaginar, hoje, as vítimas sendo insultadas e chamadas de "sapatões" e "vagabundas", seus entes queridos sendo ameaçados de morte e suas advogadas sendo maltratadas, como ocorreu durante o processo de Aix-en-Provence. Também é difícil conceber como, hoje em dia, em casos de incesto, ainda se defenda serenamente a tese dos "dois incestos", como o fizeram os médicos no programa em 1986: um incesto patológico, devastador, e um incesto consentido e feliz. Teríamos chegado ao tempo da tomada de consciência responsável, do termo definitivamente imposto às indulgências criminais.

Entretanto...

As publicações mais recentes sobre o estupro[10] ou o incesto[11] constatam que o número de agressões sexuais e de incestos não

—

**8**  Emilie Tôn, "En 1978, le procès de mon viol a fait changer la honte de camp pour la première fois". *L'Express*, 21 dez. 2017.

**9**  Éva Thomas, *Violação do silêncio* [1986], trad. Luiz Cláudio de Castro e Costa. São Paulo: Martins Fontes, 1988.

**10**  Cf., por exemplo, Véronique Le Goaziou, *Viol: Que fait la justice?* (Paris: Presses de Sciences Po, 2019) e Noémie Renard, *En finir avec la culture du viol* (Paris: Les Petits Matins, 2018).

**11**  Cf., por exemplo, Dorothée Dussy, *Le Berceau des dominations*

diminuiu; ainda é complicado prestar queixa, os desfechos judiciais ainda são incertos, a tentação dos juízes de reduzir os estupros a simples "agressões sexuais" ainda é muito forte – alegando a lentidão, o peso, o choque dos tribunais. "Casos" têm surgido nos últimos anos (Harvey Weinstein, Jeffrey Epstein, Dominique Strauss-Kahn, Olivier Duhamel), mobilizando, a cada instância, uma massa assustadora de vítimas que até então haviam permanecido dolorosamente petrificadas no silêncio. Pensamos, então: nada mudou, é sempre a mesma vergonha que assombra as vítimas, uma vergonha alimentada por um silêncio atroz.

Seguem duas declarações recentes de vítimas:

Sidney Amiel é um advogado de prestígio, dirige um respeitado escritório de advogados em Chartres. Em 2017, foi acusado de repetidas agressões sexuais contra suas colaboradoras. Uma vítima testemunha mais de quinze anos depois de sua "passagem" pelo escritório de Amiel e explica seu longo silêncio: "O silêncio é tão confortável. Para as pessoas próximas a nós, o estupro é um tema tabu. É sujo, temos vergonha, temos nojo".[12]

Sébastien Boueilh, ex-jogador de rúgbi, foi estuprado toda sexta-feira à noite pelo marido de sua prima durante a sua adolescência. Ele acabou fazendo uma denúncia quando descobriu que não era a única vítima, dezoito anos depois dos fatos, contra seu antigo agressor, condenado em 2013. O esportista declara: "Eu fui tomado por um sentimento de vergonha".[13]

---

(Paris: Pocket, 2021), Muriel Salmona, *Le Livre noir des violences sexuelle*s (Paris: Dunod, 2013) e Dominique Sigaud, *Peau d'Âne et l'Ogre: Viol et inceste sur mineurs en France* (Paris: Albin Michel, 2021).

**12** Marie Barbier, "Le viol est un sujet tabou, c'est sale, on a honte". *L'Humanité*, 14 jun. 2017.

**13** Gravação disponibilizada no canal Brut., no YouTube,, 14 mar. 2020.

## 78 Fato social total

As lógicas da vergonha e as raízes do silêncio não se sobrepõem totalmente nos casos de estupro ou de incesto. Os casos de estupro têm, com frequência, um caráter de brutalidade pontual e, na grande maioria dos casos, afetam as mulheres: é uma violação única que destrói uma vida – mas há também, é claro, em contextos esportivos, educacionais, religiosos etc., estupros repetidos a longo prazo e que podem recair sobre pré-adolescentes (pedofilia). O incesto, contudo, é mais comum em crianças submetidas a abusos sexuais da parte do pai, do padrasto etc., muitas vezes de forma regular. O agressor é conhecido: ele é próximo, é um dos pais, *é aquele que deveria proteger*.

Podemos discernir duas fábricas de vergonha relativamente distintas: como efeito de um *consentimento* socialmente construído pelo dispositivo falocrático, estudado a partir do exemplo do estupro; como afeto de um *silêncio* mantido pela família nos casos de incesto – mas, evidentemente, a questão do consentimento também está presente nos casos de incesto, assim como a questão do silêncio aparece nos casos de estupro.

—

Para ter seu sofrimento reconhecido e seus agressores, punidos, as vítimas de estupro precisam enfrentar e superar pelo menos quatro barreiras, que formam uma cela homogênea que as aprisiona: o dispositivo falocrático. Essas barreiras são, em ordem sucessiva: um mito sexual; um postulado moral; uma matriz arcaica; um cenário típico.

O mito sexual, da qual se alimenta o dispositivo falocrático, constrói uma oposição masculino/feminino, distribuída segundo os polos ativo/passivo. Para além de meras constatações anatômicas, são pressupostos prazeres e aversões de gênero. No caso da mulher, haveria um prazer no abandono e na passividade – Freud chegou a falar de uma "natureza feminina" do masoquismo.[14] No caso do homem, segundo argumenta Havelock Ellis, fundador da sexologia, trata-se de um prazer de conquista e de domínio, de um instinto de caçador (enquanto a mulher faria o papel da presa *condescendente* – mas quem ainda ousaria escrever que "as mulheres se sentem ternamente amadas quando são maltratadas por seus maridos"?),[15] de uma sexualidade "naturalmente" impulsivo-agressiva. O macho dá (impõe?) o (seu?) prazer. A mulher o recebe, se entrega. Gozo da dominação *versus* prazer de ser dominada.

Esses polos (ativo/passivo, masculino/feminino, yin/yang, público/privado etc.) são importantes em si, mas a inversão, a complexificação que eles podem sofrer são ainda mais decisivas por meio da inscrição de um princípio ativo da sexualidade feminina e de uma disposição passiva da sexualidade masculina. A sexualidade feminina é descrita há muito tempo, por médicos e padres, como vorazmente passiva, um fosso que clama furiosamente por ser preenchido. Não é somente um vazio, uma cavidade; é uma aspiração, uma cobiça. A passividade feminina é fingida, enganadora, paradoxal. A mulher seria, na verdade, lasciva e tentadora. A mulher é tida como lasciva, como descreve o dr. De Bienville em seu *Tratado do furor uterino* (1789),[16] retomando uma longa tradição, ou seja: reclamando seu prazer, insaciável, extenuante. É reputada como tentadora desde ao menos Tertuliano, que a cha-

---

**14** S. Freud "O problema econômico do masoquismo" [1924], in *Obras completas*, v. 16, trad. Paulo César de Souza. São Paulo: Companhia das Letras, 2011, p. 188.

**15** Ele especifica: "entre os camorristas italianos", entretanto... (Havelock Ellis, *Analysis of the Sexual Impulse*; *Love and Pain*; *The Sexual Impulse in Women*. Philadelphia: F. A. Davis, 1913).

**16** D. T. de Bienville, *A ninfomania: tratado do furor uterino* [1786], trad. Lúcia Leiria. São Paulo: LP&M, 1997.

## 80    Fato social total

mava de "porta do diabo".[17] Sua passividade é uma armadilha: a mulher sedutora, sensual, atrai insidiosamente. Nessa mitologia falocrática, são os homens que se tornam presas inocentes. Sua atividade sexual é declarada reativa, sua impulsividade é passiva, na medida em que foi "acesa" *por outra pessoa*. Eles são vítimas de um processo de inflamação sexual desencadeado pela mulher. A mulher, a fortiori, consente ao ato sexual, porque é conhecida como aquela que sempre o provocou pois "sua violência está nos seus encantos", como disse Rousseau.[18]

O postulado moral é o do pudor, construído culturalmente como uma característica do eterno feminino. Mas esse pudor permanecerá ambíguo enquanto o que está contido nele se mantiver indeterminado. Essa reserva, que a leva a ocultar o máximo possível sua nudez, pode na verdade ser interpretada, em um primeiro momento, como um sinal de que seu corpo lhe pertence, de que ela detém o direito inalienável de mantê-lo intacto, de proteger sua integridade e, portanto, de se opor a qualquer intrusão. O pudor seria a expressão de seu direito a dizer não. Há, entretanto, uma segunda interpretação, completamente falocrática, que argumenta que é seu desejo, e não sua nudez, que esconde a mulher no pudor. Por motivos de convenção social (não ser vista como a garota fácil) ou mesmo de estratégia perversa (resistir para excitar o desejo), ela recusa, se debate, se defende um pouco, mas essas são apenas formas *de um consentimento diferido, disfarçado*. Por fim, ela terá desejado, terá sentido prazer, terá consentido. É um consentimento a posteriori que se deduz do ato uma vez consumado e que toma a forma de uma recusa inicial.

---

**17**  Tertuliano, *La Toilette des femmes* [séc. II]. Paris: Éditions du Cerf, 1976.

**18**  J.-J. Rousseau, *Emílio ou Da educação* [1762], livro V, trad. Sérgio Milliet. São Paulo: Bertrand, 1992, p. 424.

A matriz arcaica, por fim, é a de uma construção social: a mulher como "bem", como "propriedade" do homem – desde que ela seja casada. Solteira, ela rapidamente se torna um bem a ser conquistado, uma mercadoria na estante. Se o estupro não provocar ameaças à linhagem nem problemas nas sucessões patrimoniais, é apenas uma resposta a essa oferta flutuante de si mesma.[19] Essa matriz leva a supor o consentimento sempre que a mulher estuprada não for casada: ao aparecer desacompanhada e no espaço público, o sistema falocrático insinua que ela está correndo riscos por sua falta de prudência. Sua ingenuidade vale como consentimento prévio ao que lhe sucede ("Não vá reclamar depois").

Poderíamos ter a impressão de que esse dispositivo falocrático acaba justificando o estupro em geral, mas as coisas são mais complexas. O estupro continua a ser fortemente condenado e severamente punido, mas apenas se se enquadrar em um cenário típico que compreende seis pontos: uma mulher casada como vítima; um perfeito desconhecido como agressor (de preferência pobre, imigrante, doente mental etc.); um lugar afastado, protegido dos olhares (beco escuro, estacionamento subterrâneo, porão); uma emboscada; uma resistência heroica, mas desesperada (gritos abafados ou inúteis); uma coerção armada e fisicamente evidente (faca etc.). Esse cenário típico anula, de início, qualquer possibilidade de consentimento mencionada: o elemento de surpresa total dá um curto-circuito em todo o jogo de sedução, colocando em movimento a dialética passivo-ativo (sem consentimento a fortiori); a coerção e a resistência são maximizadas a ponto de tornar impensável qualquer pudor-desejo (sem consentimento a posteriori); como se trata de uma mulher casada que, portanto,

---

**19** Sobre o fato de que o estupro é punido apenas quando corre o risco de atrapalhar a herança ao introduzir um bastardo, ver Georges Vigarello, *Histoire du viol du XVIe au XXe siècle*. Paris: Seuil, 2000.

## 82 Fato social total

pertence a um outro, o estupro é requalificado imediatamente como roubo (sem consentimento a priori).

Desviar desse cenário típico quando se é mulher (esse do "bom" estupro, que abre imediatamente a via à compaixão emocionada dos homens maduros e responsáveis) é autorizar o dispositivo falocrático a se opor à vítima, através de seus agentes designados (policiais, investigadores, juízes), com seu triplo consentimento (a fortiori, a posteriori, implícito). Ora, esse cenário típico corresponde apenas a uma ínfima minoria dos casos. Na imensa maioria, o estuprador é alguém próximo (um conhecido, um colega etc.), o estupro acontece em um espaço privado, e quase sempre o medo é tão grande que, por um mecanismo bem familiar dos neuropsicólogos, o cérebro "desliga", a vítima entra em estado de sideração e deixa de resistir, a passividade completa torna-se, assim, um refúgio para ela suportar o que está sofrendo. Mas esse cenário típico não tem nenhuma pretensão descritiva ou representativa. Ele existe apenas para maximizar as chances de supor o consentimento da mulher estuprada.

Esse triplo consentimento, construído social e culturalmente, alimenta a vergonha da vítima. As perguntas sinuosas por parte das "forças de ordem" ou dos "representantes da justiça", suas indagações sobre assuntos privados – o estupro é o único crime que implica uma investigação da moralidade da vítima –, convergem, mais uma vez, se sairmos do cenário típico (quando se trata de uma mulher livre, que conhecia seu agressor, que havia até mesmo aceitado ser um pouco cortejada etc.), na direção da mesma sentença: "No fundo, você estava pedindo por isso".

Retorno ao julgamento de Aix-en-Provence. Quando relemos as intervenções dos advogados dos acusados,[20] encontramos

---

**20** G. Halimi, *Viol: Le procès d'Aix-en-Provence*, op. cit.

um limite, que também está presente no pensamento político: a articulação problemática de um *consentimento para sobreviver*, sendo este o ponto de conexão das três formas de consentimento evocadas anteriormente.

Mais uma vez, as duas jovens, aterrorizadas, sentindo-se isoladas e impotentes, tinham deixado entrar na barraca os três agressores que mais tarde se aproveitariam delas. Pouco depois, elas teriam apenas uma obsessão: que eles fossem embora o mais rápido possível. Sideradas, paralisadas, elas deixam de resistir, movidas por um único desejo: que eles fossem embora! Elas até tentam despertar a compaixão deles, diminuir a violência dos agressores que as aterrorizam ao tentar jogar uma conversa fiada, mostrando-se "amigáveis".

O que observamos nos advogados dos três homens é a exploração perversa dessa estratégia de autopreservação e da terrível armadilha de palavras que ela induz: elas "decidem" se submeter, elas "preferem" não mais resistir aos estupradores, elas acabam "aceitando" aguentar sua sexualidade repugnante. Toda a argumentação dos advogados consiste em distorcer o sentido dessas declarações, inscrevendo nelas, à força, um cerne de liberdade. Decidir, preferir, aceitar – não seriam formas de consentimento? Vejam bem – argumentam eles para as jovens mulheres –, em algum momento vocês acabaram dizendo sim, deixando de resistir, se deixando levar! Naturalmente, podemos admitir que essa aceitação foi apenas um ardil ou o resultado do medo, mas ao menos reconheçam que essa atitude pode ter gerado confusão, que vocês *pareciam* ter consentido. Como vocês esperam que um homem entenda, especialmente se ele é um pouco limitado, como estes três pobres coitados?

Mas todas essas "decisões", "preferências", "aceitações" – e é isso o que os advogados dos acusados querem ignorar – têm como origem o terror e o pânico, o medo de morrer, portanto não

## 84 Fato social total

devemos supor nenhum engajamento, nenhum desejo, nenhuma liberdade. Pois não "consentimos" em sobreviver. Sob a ameaça, nunca "preferimos" a vida à morte. Encontramos artifícios, empregamos estratégias, dissimulamos, nos resignamos, mas isso não é consentimento, não expressa nenhuma vontade livre – da mesma forma, como dizia Marx, que não podemos dizer que o operário é "livre" para aceitar um salário miserável, visto que não tem escolha: ele precisa viver e sustentar seus filhos.

O pensamento político também acaba articulando essa hipótese monstruosa de um consentimento em sobreviver quando se trata de fundar a obediência ao Estado. Hobbes é um filósofo contratualista. Como os outros, ele pressupõe, na origem da instituição de uma autoridade pública soberana, um ato de consentimento unânime, um querer-viver juntos racional e livre. No vigésimo capítulo do *Leviatã*, ele lança a pergunta das conquistas territoriais, das colônias: devemos dizer que a autoridade ali instalada não tem nenhuma legitimidade e que a obediência é apenas produto da violência? A resposta de Hobbes é enfática, contundente: de forma alguma. Repúblicas por instituição (em que há um consentimento unânime, explícito, articulável: "Autorizo e transfiro o meu direito de governar a mim mesmo a este homem...")[21] ou repúblicas por aquisição (em que um povo é submetido pela violência pura) se baseiam, em última instância, nos mesmos fundamentos, exceto que no segundo caso o consentimento é implícito. De fato, se os ocupantes originais permanecem vivos *é porque consentiram*. Mas seria possível falar de um consentimento arrancado pela violência?

---

**21** "Eu autorizo e transfiro meu direito de me governar para este homem, ou para esta assembleia de homens, sob a condição que você desista de seu direito também, e autorize todas as suas ações da mesma maneira." Thomas Hobbes, *Leviatã* [1651], trad. Gabriel Lima Marques e Renan Marques Birro. Petrópolis: Vozes, 2020, p. 161.

E aqui Hobbes faz uma distinção terrível: é claro que o consentimento na vida cotidiana das sociedades políticas constituídas é incompatível com a coerção e significa a vontade livre e não coagida. Mas quando se trata do consentimento político originário, é outra coisa: é um consentimento para não morrer.

> Em ambos os casos [república por instituição e república por aquisição], fazem isso [submeter-se ao soberano] por medo; o que há de ser notado por aqueles que consideram nulos todos os pactos que procedem do medo da morte ou da violência. Afinal, se isso fosse verdade, nenhum homem, em qualquer tipo de república, poderia ser obrigado a obedecer.[22]

Quando se trata de legitimar a obediência política incondicional ao Estado e de culpar a mulher que cede ao seu estuprador, encontraremos a articulação desse consentimento forçado. Queremos tanto mostrar que nem o cidadão face ao Estado autoritário nem a mulher estuprada face ao seu agressor são apenas vítimas: *em algum ponto* eles consentiram *e por isso estão vivos*.

Essa monstruosidade conceitual produz efeitos na realidade. Nós a encontramos na boca dos maiores teóricos políticos, mas também nos lábios dos estupradores e de seus advogados. Em sua defesa final no julgamento de Aix-en-Provence, o advogado Tubiana ousa fazer uma comparação curiosa e cruel para expressar seu ceticismo sobre a realidade do estupro que teriam sofrido as duas jovens: será que, uma vez que vimos que elas discutiram com os estupradores e cederam às suas demandas (masturbação, felação), elas podem, essas duas jovens belgas, realmente querer se passar pela cabra do sr. Seguin, que batalhou a noite toda?[23]

---

**22** Ibid., p. 185.

**23** "Quando ouvimos essas declarações, podemos realmente acre-

## 86  Fato social total

Uma comparação repugnante. Não somente porque, por detrás dela, há a ideia flutuante de que, no fim das contas, não devemos nos espantar quando escolhemos ser duas jovens mulheres livres etc., mas sobretudo porque é a morte da pequena cabra que autentica sua resistência diante do lobo! Garotas, se vocês saírem fisicamente ilesas de um estupro, perguntas serão feitas.

Como vestimos minissaia, como uma tem o cabelo verde e a outra, laranja, certamente devemos "trepar como coelhos", logo, o estupro que está sendo cometido não é exatamente um estupro [...]. Três caras com uma espingarda contra duas meninas nas quais bateram até sangrar: não é estupro. A prova: se realmente não quiséssemos ser estupradas, teríamos preferido morrer [...]. Se aconteceu, foi porque no fundo a garota consentiu. Mesmo que tenham precisado bater nela, ameaçá-la, mesmo que tenham agido em grupo para constrangê-la, mesmo que ela tenha chorado antes, durante e depois, isso não muda nada [...]. Minha sobrevivência é, em si, uma prova contra mim.[24]

Em sua argumentação, Gisèle Halimi toca exatamente nesse ponto quando exclama: "Até quando, até que ponto uma mulher estuprada deve resistir? Vocês dirão que até a morte?". E ela lança uma

—

ditar que elas são como a cabra do sr. Seguin, que batalhou a noite toda e foi comida pelo lobo de manhã?", G. Halimi, *Viol: Le procès d'Aix-en-Provence*, op. cit., p. 388. "La Chèvre de Monsieur Seguin" [A cabra do sr. Seguin] é um conto popular da literatura francesa infantil, escrito por Alphonse Daudet em 1866. Na história, a cabra ignora os avisos do pastor e foge para as montanhas em busca de liberdade, onde encontra vastos prados, mas também um lobo que, após uma noite de luta, finalmente a devora. [N. E.]

**24**  Virginie Despentes, *Teoria King Kong*, trad. Márcia Bechara. São Paulo: n-1 edições, 2016, pp. 29-32.

comparação que relega Alphonse Daudet e sua história da cabra à categoria de uma ilustração miserável:

> Vocês sabem, senhoras e senhores, que, quando torturados pela Gestapo, alguns militantes da Resistência, heróis – eu digo "heróis" –, eles falavam. Quem ousaria dizer que, porque foram torturados, violentados e falaram, eles teriam de algum modo consentido ao mecanismo de seus carrascos, que eles colaboraram?[25]

A fala – como sempre repetimos, e com razão – é liberadora, salvadora, reconstrutora. O silêncio é o combustível do incesto: ele o protege a curto prazo; a longo prazo, ele o desculpa: por que ela não disse nada? (Sendo a maioria das vítimas de incesto meninas, privilegiaremos aqui o uso do feminino, mas não devemos esquecer que ele atinge também os meninos.) O incesto obriga, entretanto, a uma inversão das lógicas intuitivas: é porque é grave, é devastador, é destruidor (mas também, como veremos, fundador, instituidor de um sistema de poder) que não falamos sobre isso.

O que interditou por tanto tempo a fala dos sobreviventes do incesto?

Em primeiro lugar, sem dúvida, o medo. A pessoa que pratica o incesto pode ameaçar, silenciar por meio de uma chantagem atroz: "Se você falar...". E a criança se cala em um silêncio trêmulo, temendo represálias se ousar dizer qualquer coisa. Mas outros medos estão em jogo.

Há o medo de não acreditarem nela. Como não entende o que está acontecendo, ela sabe menos ainda como dizê-lo, não tem as palavras para isso; e será que vão acreditar em mim, quando

---

**25** G. Halimi, *Viol: Le procès d'Aix-en-Provence*, op. cit., p. 330.

## 88 Fato social total

eu mesma quase não consigo acreditar no que está acontecendo comigo? Como articular, nomear, colocar em palavras? Muitas vítimas passam por esta experiência: é na delegacia, no momento de prestar queixa, quando isso ocorre cedo o bastante, que elas aprendem "como se chama" o que aconteceu com elas. A criança sente imediatamente tratar-se de um ato desviante, inominável. O silêncio lhe permite confinar essa catástrofe a cenas pontuais, fechadas em seu segredo, e tentar, fora desses momentos, levar uma vida "normal", apesar do cansaço e do vazio. Se eu falar, ela pensa, a catástrofe será total, ela vai arrastar tudo consigo: a família, a escola, as amigas, esse cotidiano no qual ainda é possível criar momentos de frágil alegria. Ninguém mais vai me amar e tudo vai desaparecer. A ordem do mundo – as refeições em família, as brincadeiras na escola –, tudo depende de seu mutismo, do pacto de silêncio tacitamente renovado entre o agressor e a vítima. Além do mais, aquele que pratica o incesto já a advertiu o suficiente: se você falar, *será o caos, será o fim,* e você será a responsável. Você se tornará a traidora incomensurável, fará sua mãe sofrer, explodirá a família, manchará todo mundo com o seu despudor. Tudo isso *por sua causa.* Um programa de existência é deduzido a partir disso: limitar o caos e a morte a si mesmo, a uma intimidade devastada, a um bairro arrasado dentro de si. O silêncio atrozmente heroico é vivido pela pessoa que sofre o incesto como aquilo que condiciona a continuidade do real. Ela aguenta firme *pelos outros* – tanto para protegê-los como para continuar a ser amada.

Para além dos efeitos do medo, o silêncio provém de uma alienação da fala. Pois às vezes ele é produto mais da *influência* que de uma chantagem pura, com as ameaças diretas se tornando quase anexas, secundárias. Por "influência", entendemos essa modalidade de poder ("poder" no sentido primordial: capacidade de obter de alguém um comportamento que ele não teria adotado espontaneamente) que, para ser exercida, não precisa recorrer nem à coerção, nem à violência, nem à persuasão racional ou à negociação – sem que com isso visemos à postura clássica da autoridade, que exige sempre um reconhecimento. A influência é sobretudo uma *ocupação* psíquica, insidiosa, eficaz e terrível. Estar *sob* influência significa estar privado de sua autonomia, de sua soberania interior: estamos sob o governo de um outro, sob o império de uma substância. Mas essa apresentação é quase negativa demais. A influência não se limita a despojar, confiscar, retirar. Ela ocupa, ela coloniza. O desejo, a vontade, o pensamento são investidos, são invadidos: eu desejo, eu quero, eu falo *conforme um outro*. A vítima do incesto não tem mais sua própria voz e seu silêncio é o produto da ocupação de sua fala. A intimidade da vítima é ocupada. A intimidade depende desses momentos nos quais o sentimento de pertencimento de si é construído, é *experimentado* – no sentido duplo de sentir e testar. Emoções, devaneios, objetos fetiche, corpo próprio, fantasia, jogos, sussurros: instalo em mim uma familiaridade dançante, aprendo a habitar meu corpo e meu desejo, lhes dou consistência: apropriação de si, constituição de um si próprio, construção do íntimo.

Com o incesto, seja à noite em sua cama, sozinha em seu quarto, seja no banho, os momentos de intimidade tornam-se situações de angústia, de intrusão (*será que ele vai aparecer?*). A criança é destituída dos momentos nos quais ela se apropria de seu corpo, de seu desejo, de sua fala, dos momentos nos quais toma gosto por si mesma, constrói um núcleo de afetos que consolidam, delimitam um "si próprio" – no sentido em que Merleau-Ponty fala de um "corpo próprio". Sua intimidade está agora *ocupada* pelo outro da mesma forma como falamos de territórios ocupados: privados de soberania, sob controle exterior. Meu prazer é contaminado por tomadas de prazer estrangeiras, o sentimento de meu corpo é colonizado por intrusões angustiantes. Penetração, toques, bolinações. A criança também é convidada a fazer gestos, acariciar e lamber.

## 90 Fato social total

Mesmo que não se trate necessariamente de agressões e machucados, sofrimentos e gritos, permanece a violência fundamental dessa devastação do íntimo. Essa devastação será paga à custa de lágrimas escondidas, da alteração das relações com os outros, de um sentimento angustiante de vazio, de um desgosto de si destruidor. O silêncio vai escavar, na dobra do real "ordinário", do cotidiano "normal", bolsões sombrios, protuberâncias dolorosas, tumores que acabam por envenenar, apodrecer, não exatamente a continuidade prática das coisas (levantar-se, fazer o dever de casa, comer: o silêncio assegura tudo isso), mas a própria maneira pela qual a criança se inscreve.

O silêncio do incesto é um silêncio vergonhoso. Primeiramente porque o ato de abuso, mesmo se o adulto empregar palavras de "ternura" e declarações de "confiança" que servem para encobrir sua monstruosidade, é, mais uma vez, vivido de início pela criança ou jovem adolescente como anormal, deslocado – e, por fim, como *sujo*. Algo da sexualidade madura, alimentada por desejos adultos, fantasmas pornográficos, se impõe a uma sexualidade infantil solta, flutuante, grafando gestos incômodos e incompreensíveis, afetos de angústia. A criança está impregnada de cheiros e sensações que logo sente como dissemelhantes, como nojentos. Ela sente que "não é certo", mas de forma alguma quer correr o risco, ao falar sobre isso, de suscitar o desgosto de seus próximos, a ira de sua mãe, de sujar quem a escuta com essa imundície que agora a habita. Ela pensa também, por vezes, que "deveria ter" (se oposto, recusado, alertado etc.), mas foi incapaz, portanto foi ela, com a sua passividade, quem "fez uma besteira". Vergonha de sua fraqueza, de sua miséria. E em alguns casos ela acaba sentindo uma vergonha ainda maior, porque de fato quis "agradar", porque às vezes continuava, mesmo em meio ao horror, a amar seu pai ou seu padrasto, e a querer ser amada e a aceitar tudo em nome desse amor. Uma mistura impura, instável e amarga de afetos atravessa a criança, que pode, por vezes, permanecer ligada ao seu agressor, ligada apesar de tudo, mas assustada pelo preço desse amor. Enfim, como observava Ferenczi em sua "Confusão de línguas",[26] o psiquismo infantil é poroso, suscetível. Essa permeabilidade é aumentada pelo estado de sideração no qual o ato lança a criança – o cérebro, como já dissemos sobre o estupro, "desliga", a consciência é dissociada daquilo a que ela assiste, a alma é desconectada do corpo. A intensidade emotiva inicial (angústia, apreensão, pavor) dos momentos incestuosos torna a menina extremamente suscetível e ela paga por isso com a vergonha: a abjeção do agressor se transforma em abjeção de si, em violência contra si ou contra os outros (fobias de impulso das vítimas de incesto).

No fundo, o fato de que aquilo que aconteceu *de fato* aconteceu *comigo* é o principal objeto de vergonha. Aqui o silêncio permite que algo seja mantido como dúvida, para confinar os momentos de abuso sexual a uma semirrealidade, para torná-los habitáveis através de uma desrealização flutuante. Em momentos de vigilância social (na escola, durante as refeições e brincadeiras), eles têm somente a consistência um tanto irreal do pesadelo, do delírio. Falar disso seria fazê-los existir, brutalmente, ao mesmo tempo nos outros e *diante de si mesmo*, enfrentá-los em sua realidade insuportável, de modo que deixarão de ser momentos ruins a ser atravessados para se converterem em rochedos erigidos nos discursos dos outros, o brilho cortante em seus olhares. Que existência tem isso de que não falamos? Eu guardo *comigo*. É uma solução claramente explosiva, desastrosa, destruidora para a criança que é obrigada a se despedaçar, a se dissociar, mas tal solução lhe parece

---

**26** Sándor Ferenczi, "Confusão de línguas entre os adultos e a criança: a linguagem da ternura e da paixão" [1933]. *Revista de Psicanálise da SPPA*, v. 13, n. 1, 2006, pp. 13-24.

## 92 Fato social total

ser *a única possível*. Por isso a descoberta de que ela não estava sozinha, de que o agressor fez outras vítimas, pode representar uma experiência ao mesmo tempo brutal e reconfortante para a vítima de incesto. Primeiro: isso de fato aconteceu porque outros também sofreram. Segundo: é ele que é doente porque foi ele que atacou os outros.

A função última desse silêncio cruel é legitimar, sancionar, garantir e, finalmente, dar razão ao *poder nu*. Podemos dizer também "dominação masculina", "poder patriarcal", "falocracia". Eu digo "poder nu" para falar de um poder que, por um lado, procede por meio de conquistas (a criança é, para aquele que pratica o incesto, sua coisa, sua posse, da qual ele usa e abusa), e, por outro lado, que traça uma linha de separação sem reciprocidade entre dominante e dominado, penetrante e penetrado, abusador e vítima, que reduz o outro, por fim, ao status de um objeto indefinidamente disponível e descartável, o faz sentir-se uma coisa, um lixo, um nada. Digo "poder nu", pois esse poder não se sustenta em nenhuma fala nem justificativa, ele não reconhece nenhuma pretensão de governar as vontades ou de controlar os comportamentos, ele não reivindica nenhuma legitimidade superior: é um poder que reside completamente no gozo – no sentido de "gozar da propriedade" de uma coisa. *Fructus*: eu tiro da coisa o que eu quiser, uso e abuso dela à vontade, eu a deformo ao gosto de meus delírios. Quase não se trata de um abuso *de* poder, pois é no abuso que se experimenta esse poder. Ele não é nada mais do que o abuso em si. E o objeto desse abuso só pode se sentir envergonhado, pois ele se vê reduzido ao estado de uma coisa *exposta* ao desejo do outro, ofertada ao seu olhar, consumível. A nudez da criança que sofre o incesto não é mais *íntima*, envolta nas dobras de uma apropriação secreta e carnal; ela se tornou *extima*: entregue aos olhos do abusador que, de sua posição privilegiada, exerce seu *direito de olhar*. A vergonha, como escreveu Levinas, é "a impossibilidade de se esconder".[27] Sou colocado à vista, paralisado na visibilidade, petrificado na exposição.

O silêncio, como dizem, envolve o incesto. Mas esse invólucro não deve ser entendido somente como um véu dissimulador, uma neblina parasita. E se ele fosse, ao mesmo tempo, as vestes, os adornos, os enfeites do poder nu? Algo como seu eco, sua ressonância, *seu ruído de fundo*. É a descoberta assustadora de algumas vítimas de incesto quando se dão conta de que suas irmãs sofrem a mesma coisa e se calaram também, que as mães sabiam e permaneceram mudas, que os irmãos pouco se importaram. Ninguém fala. Hesitação desse silêncio: não falamos porque é insuportável ou porque *é tão óbvio que nem precisa falar*? E então? Ninguém fala, mas todo mundo faz? O poder nu é exatamente algo tão intolerável que *nem precisa falar*. Ele cria o silêncio simultaneamente como: seu sustentáculo e sua expressão, seu pressuposto e seu modo de existência, sua exigência e seu elemento. A vergonha é sua marca, sua assinatura. Ao mesmo tempo, para as garotas, esse silêncio é um aprendizado de longo prazo. As garotas que sofreram incesto dizem que detestam "quase mais" suas mães que nada disseram. "Quase mais", pois em seu silêncio havia a lição: Aceite, minha filha; mesmo que resista, você vai perder de qualquer jeito; sofra em silêncio como você deverá sofrer no colégio os assédios dos garotos, as brincadeiras machistas no trabalho e os gestos impróprios; aceite seu papel de eterna subalterna, eterna perdedora, eterna submissa. O sistema que nos faz *aceitar* a violência é "quase mais" intolerável que a violência em si.

---

**27** Emmanuel Levinas, *De L'Évasion* [1982]. Paris: Le Livre de Poche, 1998. Aqui retenho apenas a expressão: na verdade, Levinas define a vergonha como ponto de revelação ontológica, o que não está sendo discutido aqui.

## 94 Fato social total

Por causa do mutismo, acabamos crescendo. Chega o momento em que as vítimas do incesto, as abusadas, se calam *também* porque se formaram nesse silêncio, e a partir desse silêncio; foi na maneira de mantê-lo, nas estratégias para mantê-lo, na dobra permanente de si em si que esse silêncio supõe o encontro de um recurso subjetivo, relacional. O silêncio acaba por reaver em si mesmo sua razão de ser: eu me calo porque me calei por tempo demais. Eu me edifiquei sobre esse silêncio. Um pouco como esses corpos que a partir de um trauma físico intenso reconfiguram todos os seus gestos, o conjunto de seus movimentos, para não demandar muito das zonas sensíveis, para evitar as dores. E assim que ele anda, se senta, cumprimenta, estende os braços, faz tudo através de um *estilo* que traz gravada a marca da lesão inicial. Da mesma maneira, as existências se reconfiguram a partir de uma vergonha e de um silêncio dolorosos, que se tornaram a pedra angular, fundação catastrófica dessas vidas marcadas, caos central em torno do qual gravitam os prazeres, as amizades, as escolhas de vida. Sobre a experiência do estupro, Virginie Despentes confidencia:

> Liquidar o acontecimento, esvaziá-lo, esgotá-lo.
> Impossível. Ele é fundador – disso que sou, como escritora, como mulher que não se identifica exatamente como tal. É ao mesmo tempo aquilo que me desfigura e aquilo que me constitui.[28]

Pedra angular do sujeito, esse silêncio do poder nu... Mas também da sociedade como um todo? Marx colocou no centro de seu pensamento a apropriação como processo antropológico elementar, fundamental. Trabalhar é moldar, transformar, apropriar-se da natureza. Viver é apropriar-se: apropriar-se do próprio corpo, do

---

**28** V. Despentes, *Teoria King Kong*, op. cit., pp. 44-45.

própo meio para fazer dele um elemento de reflexão, de segurança, de sentimento de "estar em casa" (*oikeiósis*, para os estoicos). Apropriar-se é fazer um "si próprio", um "mundo próprio" no sentido de: estar bem consigo mesmo, reconhecível, reconfortante. É o que poderíamos chamar de apropriação ética.

Mas existe um modo de apropriação capitalista, diz Marx, que passa pela ocupação e violação do que é *próprio* dos outros (sua força de trabalho, seu tempo de vida, sua presença no mundo, sua existência interior etc.), a alienação de sua existência, a exploração sem limites de toda a massa de homens e mulheres *reduzidos*. Essa apropriação abusiva que se alimenta da desapropriação dos outros é o poder nu. O sistema político tem como única finalidade institucionalizar através do catecismo jurídico da propriedade privada, definida justamente como: garantia do direito de usar e abusar.

O sentido das grandes lutas e revoltas coletivas, mas também das reconquistas pessoais, das odisseias subjetivas, está em uma busca de "reapropriação":[29] reapropriar-se dos meios de produção que alienam o trabalho, reapropriar-se de uma intimidade assaltada pelo desejo adulto masculino, reapropriar-se das identidades roubadas pela ideologia colonial. As verdadeiras lutas não são as de conquista, mas as de reapropriação.

O sistema político, com suas leis prolixas, seus fundamentos eloquentes, *contém* o poder nu. Ele o contém no mesmo sentido que as margens contêm o rio, para retomar uma metáfora de que Hobbes gostava, ou seja: ele o retém, mas para fazê-lo existir; ele o mantém dissimulado em suas profundezas, mas como um coração vibrante. O poder nu é o núcleo duro de nossas construções sociopolíticas, ele é *o que sempre já foi aceito* – como o Estado, segundo Hobbes, é

---

**29** Sobre esse conceito ver as análises preciosas de Didier Eribon em "La Voix absente: Philosophie des états généraux", in Édouard Louis (org.), *Pierre Bourdieu: L'insoumission en héritage*. Paris: PUF, 2016.

## 96 Fato social total

aquilo ao qual nós sempre já consentimos. O incesto, o estupro, os maus-tratos são seus fragmentos cortantes, mônadas expressivas. Assim, eles são fatos sociais totais, eles recapitulam o sistema. O que chamamos de sistema de dominação masculina, ordem patriarcal, estrutura falocrática, são a institucionalização simbólica do poder nu. E a vergonha é o afeto-testemunho de sua aceitação. Virginie Despentes encontrou, mais uma vez, fórmulas definitivas:

> A condição feminina, seu alfabeto. Sempre culpadas por aquilo que nos fazem. Criaturas responsabilizadas pelo desejo que suscitam. O estupro é um programa político preciso: esqueleto do capitalismo, é a representação crua e direta do exercício do poder.[30]

O que chamamos de "tabu do incesto" não é consumi-lo ou praticá--lo. Infelizmente, ele é comum demais para que possamos acreditar seriamente que ele seja o objeto de um interdito maior, avassalador. A única transgressão verdadeira é falar sobre ele. E o interdito dessa fala é a instituição do poder nu.

---

**30** V. Despentes, *Teoria King Kong*, op. cit., pp. 41-42.

# Fundação sexual da república

Tudo começou com uma suspeita, e talvez com um pouco de orgulho. Reconstituirei o mito de fundação da república romana. A partir de fragmentos retirados de Tito Lívio,[1] Ovídio,[2] Dionísio de Halicarnasso,[3] William Shakespeare,[4] André Obey[5] (só homens!), traçarei a trama ideal, o nervo dramático dessa lenda que inspirou poetas, dramaturgos, moralistas e músicos.[6]

---

1 Tito Lívio, *História de Roma*, livro [séc. I], trad. Monica Costa Vitorino. Belo Horizonte: Crisálida, 2008.

2 Públio Ovídio Nasão, *Fastos*, canto II [séc. I], trad. Márcio Meirelles Gôuvea Júnior. Belo Horizonte: Autêntica, 2015.

3 Dionísio de Halicarnasso, *Antiguidades romanas*, livro V, séc. I AEC.

4 William Shakespeare, *O estupro de Lucrécia* [1594], trad. Elvio Funck. Porto Alegre: Movimento, 2020.

5 André Obey, *Le Viol de Lucrèce*. Paris: Nouvelles Éditions Latines, 1931.

6 Sobre a música, destacamos: George Frideric Haendel, *Lucrezia*,

# 98 Fundação sexual da república

Primeira cena: imaginem um pequeno grupo de oficiais superiores, jovens aristocratas que participam de um cerco. A cidade (Ardea) oferece alguma resistência, e eles aproveitam o tempo como podem: bebem para espantar o tédio, mas também a saudade de Roma. Destaco três personagens do grupo de foliões. Primeiro, Colatino. Um jovem e belo rapaz, de excelente família, esposo sortudo, amigo leal, bom soldado; ele preenche todos os requisitos, sobretudo os da insipidez e da mediocridade. Ele é basicamente "o marido da senhora" – assim como se costuma dizer "a esposa do senhor". Em seguida, Tarquínio: príncipe etrusco, o filho do rei que vive nos braços das prostitutas. Bruto, encrenqueiro, tirânico, caprichoso, ele adora usar e abusar, possuir e destruir. Nada pode – e nem deve – resistir a ele. Enfim, o terceiro personagem: Brutus, o parceiro de bebedeira, um piadista agradável – mas, no fim do drama, será o grande protagonista. Será ele que convocará os romanos à rebelião que os libertará dos príncipes etruscos degenerados.

O álcool pode ser amargo, a conversa passa rapidamente às esposas e irmãs. O que elas fazem enquanto estamos aqui lutando, passando frio? "O vinho fermentava nas cabeças" (Tito Lívio) e uma aposta infeliz é lançada: ir averiguar a virtude das mulheres uns dos outros e fazer, com a ajuda da surpresa, uma avaliação de sua castidade.

Pouco depois nossos militares estão a cavalo, avançando até Roma a toda velocidade.

O resultado é edificante: eles encontram a mulher de um nos braços de outro, a irmã de um segundo bêbada e enfiada em banquetes inacreditáveis, a terceira desaparecida pois abandonou sua casa... A única sobrevivente desse desastre moral, diamante raro

---

1709; Michel Pignolet de Montéclair, *La morte di Lucretia*, 1728; Benjamin Britten, *The Rape of Lucretia*, 1946.

e solitário – eis a visão celeste de Lucrécia, a mulher de Colatino: fiando lã junto a suas serviçais. Que matrona romana esplêndida e pura, encantadora e virtuosa: ela assegura a boa ordem da casa, sua manutenção econômica e moral. Símbolo de uma virtude que é tanto sexual como administrativa.

Voltemos ao nosso trio que, depois do espetáculo das mulheres, ficou sóbrio. Pode ser que Colatino, satisfeito, tenha começado a se gabar... No coração de Tarquínio jaz outro sentimento; foi como que ferido por três farpas. Não foi o espetáculo das mulheres boêmias que o machucou: ele viu ali apenas a confirmação de seu próprio cinismo. Não, foi a imagem de Lucrécia que o feriu. Primeira ferida: raiva diante do objeto ao mesmo tempo desejável e proibido; irritação diante da castidade da esposa perfeita (ela resistiria a mim?), como se sua onipotência fosse posta em questão pela posse, por um outro, do objeto perfeito (vergonha narcísica). Segunda ferida: pequena humilhação para o poderoso que deve testemunhar o orgulho de um inferior. Tarquínio é obrigado a se perguntar: e eu, com minhas riquezas, meus prazeres, não seria eu o cretino perfeito? Observem esse casal, uma bela mulher, apaixonada, um marido satisfeito, bom companheiro e soldado bem-sucedido (vergonha ideossocial). A última ferida: e se Tarquínio fosse tomado por um desejo louco? Não somente ciúmes, inveja, mas uma ferida de amor ao ver esse rosto e esse corpo: os ombros brancos como marfim, os lábios encarnados, toda essa composição de vermelho e branco que Shakespeare musica.

Cada um vai dormir na própria tenda. Tarquínio permanece acordado, seu coração bate como se fosse explodir. E ele toma uma decisão: retornarei a Roma. Mais uma corrida louca na noite seguinte, perturbado, mas dessa vez a rapidez adormece sua consciência, pulveriza seus escrúpulos.

Segunda cena. Tarquínio chega tarde da noite a Roma. Ele aparece na casa de Lucrécia e, com o pretexto de que seu cavalo está

**100 Fundação sexual da república**

mancando, pede para passar a noite ali. Então observamos um pequeno jogo de vergonhas sociais em conflito: seria realmente decente e correto receber um homem para dormir em casa quando a mulher está sozinha e o marido está longe? Mas não seria ainda mais inconveniente recusar hospitalidade a uma pessoa poderosa que a solicita, e que além do mais é irmão de armas de seu esposo?

Um quarto é designado para o príncipe e a noite cai. Noite que protege: ela é o elemento do pudor – no fim, a roupa é sempre um véu de noite sobre a pele nua, o próprio crânio é uma gruta de sombra que sela, por detrás da porta dos lábios, os pensamentos inconfessáveis. A noite esconde, mantém nas trevas o que não pode ser exposto à plena luz do dia.

É assim que a Fedra de Racine, na peça homônima, se mantém nas sombras, recusa a claridade. Que estranho mal lhe atingiu que a impede de se expor sob a luz do dia, ela, a filha do sol? É porque ela tem vergonha, vergonha de seu desejo furioso por seu enteado, Hipólito. Racine borra a distinção entre vergonha e culpa. Sentimo-nos culpados pelo que fizemos ou deixamos de fazer, pelos usos infelizes de nossa liberdade. Mas por nossos desejos não nos sentimos responsáveis – Racine diz em seu prefácio: a motivação de sua heroína não é "um movimento de sua vontade", ela não é uma mártir da culpa. No entanto, temos vergonha, vergonha daquilo que sentimos borbulhar, estourar em nós como uma estranheza monstruosa ("Ó tu, que vês a vergonha a que desci/ Vênus implacável"). O desejo é sempre um outro, uma aberração em nós que ruge, que exige. Vergonha de guardar consigo essa monstruosidade que nos escapa, nos transborda, nos excede e nos define. No fim das contas, é também assim que Santo Agostinho interpreta o momento de saída do paraíso terrestre no Gênesis. Em *A cidade de Deus* (426), no livro XIV, ele mostra que o primeiro movimento é um movimento de vergonha: diante da nudez um do outro Adão e Eva subitamente sentem desejo, mas um desejo irreprimível que imediatamente encontra sua tradução somática, manifestando a excitação irreprimível. A sexualidade existia no paraíso, mas uma sexualidade sem desejo. A sanção do pecado original com a morte, a doença, o sofrimento, será o sexual, ou seja, essa parte incontrolável, o que em nós desobedece absolutamente. Não somente eles não podem reprimir o ímpeto do desejo, mas seu prolongamento somático (ereção, palpitações cardíacas etc.) lhes escapa. E é disso que se envergonham o homem e a mulher expulsos do paraíso, assim que ultrapassam o limiar e cada um revela a própria nudez ao outro, despertando brutalmente, subitamente, o desejo que os surpreende, os confunde, os inquieta. A partir de agora, será necessário aceitar essa vergonha, vergonha da parte sexual de nossa sexualidade. Uma vez que ela está fora de nosso controle, para além de nossa soberania. Uma vez que ela pode ser lida no corpo em letras inequívocas, diretamente visíveis ao olhar do outro. Por ter desobedecido, o homem e a mulher são punidos por esse sexual que será o que, por excelência, mantém-se rebelde a toda vontade e desobedece.

Retirada essa graça, para fazê-los pagar com desobediência sua própria desobediência, fez-se sentir nos movimentos do corpo desavergonhada novidade. Tornou-se, por isso, indecente a nudez, fê-los conscientes e cobriu-os de vergonha.[7]

A noite protege, mas ao esconder, ela também liberta: é o momento em que os apetites são aguçados e despertam. Noite da impunidade: até que ponto o que acontece à noite existe de fato? Em Tarquínio, mesmo quando seu corpo desliza lentamente, como um felino, até

---

**7** Santo Agostinho, *A cidade de Deus* [426], trad. Oscar Paes Leme. Petrópolis: Vozes, 2013, p. 157. Trad. modif.

## 102    Fundação sexual da república

o leito da jovem mulher casada, uma luz cruel vacila, a projeção de seu crime: o que eu estou fazendo aqui, aonde estou indo, o que está acontecendo comigo?

Primeira cena: a sedução (fracassada). "Sou eu!" Ele primeiro espera seduzir, deslumbrar. Ele fala muito; lança mão, nas várias versões, de estratagemas diversos. Se tantas mulheres me desejam, então oferecer meu corpo é dar um presente daqueles que não se recusa. Ele articula um epicurismo oportunista: A castidade das mulheres? Que piada, isso não passa de falta de oportunidade. Ele promete dinheiro, recompensas futuras, benefícios futuros se ela ceder. Ele pede a ela para refletir: com toda sinceridade, por trás de sua máscara de esposa, você não sente a covibração de nossos desejos, a atração magnética de nossos corpos? Pare de mentir a si mesma.

Mas nada surte efeito, Lucrécia resiste, se recusa a se entregar aos prazeres prometidos – ela pensa em sua virtude manchada e em seu marido traído. Então Tarquínio dá sua última cartada, o grande trunfo: a ameaça da vergonha fatal, essa marca que sobreviverá a Lucrécia e desonrará todos os seus descendentes. E então, sendo assim, pense bem: se você me recusar, eu te mato, eu mato um escravizado, eu tiro sua roupa e coloco os dois cadáveres juntos na cama. Eu contarei aos quatro ventos que, alertado pelos gritos, eu os encontrei perdidos em orgasmos e que vinguei meu amigo com a sua morte. Assim, a vergonha sobreviverá a você.

Então Lucrécia se deixa ser tomada e possuída sexualmente. Ela não cedeu diante do medo, ela não cedeu diante de uma lâmina empunhada, diante de ameaças de violência e morte. Emblema da fragilidade exposta e da dignidade conservada, ela cede diante daquilo que lhe parece pior que a morte: a vergonha que sobrevive. E é a cena do estupro, o clímax vibrante que é ao mesmo tempo um buraco na história (nunca explicitado, nunca descrito), o vazio central em torno do qual se distribuem o instante anterior ao desejo criminoso e o posterior da fúria justa. Tarquínio vai embora muito cedo pela manhã, com seu desejo satisfeito; ele volta ao acampamento e retoma sua vida militar como se nada tivesse acontecido.

Terceiro ato: Lucrécia acorda (mas será que dormiu?) de sua noite de terror. Morta para a vida, a luz do dia a machuca. Ela agora não é mais que uma sombra, uma neblina tenaz recaiu entre ela e ela mesma – na ópera de Britten é esse o momento mais pungente.

Lucrécia chama pelo pai e pelo marido com uma adaga escondida em sua mão. Diante de sua palidez, com seu rosto encovado pelas lágrimas, eles a enchem de perguntas. Quando os criados revelam que Tarquínio passou a noite ali, eles pensam o pior. Ela aquiesce em silêncio. Eles xingam e explodem de raiva enquanto a asseguram: Você não tem culpa, você cedeu sob ameaça. Antecipando suas intenções, eles lhe dizem que sua alma é inocente, que ela não tem nada pelo que se desculpar.

Ela finalmente quebra o silêncio para pronunciar sua própria sentença: "Que nenhuma mulher que sobreviva à própria vergonha ouse invocar o exemplo de Lucrécia!". Ela não morre de vergonha, pelo contrário: morrer era a única forma de matar a vergonha.

———

Interrogamos o suicídio de Lucrécia e suas razões, das mais objetivas às mais subjetivas.[8] Razão objetiva: ao ter uma relação sexual proibida com outro homem, Lucrécia se descobre, de fato, manchada. O efeito da impureza é automático, o estupro arrasta os dois protagonistas à mesma lama, ela foi suja para sempre.[9] Ela deve

———

**8** Para uma longa lista de razões possíveis: Jean-Michel Chaumont, *Survivre à tout prix?*. Paris: La Découverte, 2017.

**9** Essa dinâmica é indicada por Georges Vigarello em *Histoire du viol XVIe-XXe siècle*. Paris: Seuil, 2000.

## 104  Fundação sexual da república

morrer pois foi manchada pelo estupro – logo se tornou impura para o marido – mas também para provocar a vingança que a purificará depois de sua morte.

Razão subjetiva: com sua morte, ela legitima o constrangimento atroz, demonstra ao extremo o quanto esse ato a enojou, denuncia de antemão a realidade do estupro por trás das aparências de uma noite de adultério.

Retomo sua última frase tal como Tito Lívio a escreve: "Que nenhuma mulher que sobreviva à própria vergonha ouse invocar o exemplo de Lucrécia!". Uma frase, no fundo, atroz, e que condena à suspeita de fraude toda mulher que sobreviver a um estupro. Agostinho, para retornar a ele, em sua leitura do mito romano, arrisca uma hipótese talvez ainda mais atroz (que rejeita, é claro, mas o estrago está feito):

> Talvez não se encontre lá, pois, matando-se, não cedeu ao desespero do pudor, mas à secreta censura da consciência. Com efeito, quem sabe (só Lucrécia pode sabê-lo) se, vítima de violência irresistível, todavia acabou consentindo no prazer e depois, atormentada pelo remorso, quis expiar com o próprio sangue a falta cometida?[10]

Lucrécia foi de fato estuprada, tomada à força, mas, sugere Agostinho, ela não pôde evitar sentir, durante esse ato mesquinho, um pouco de prazer, pelo qual se puniu depois.

Cena final do mito: romanos orgulhosos juram sobre o cadáver de Lucrécia, prometendo vingá-la. Ela será exposta, com a ferida ainda aberta, no Fórum romano, o que provocará primeiro a revolta popular, depois a fuga dos reis etruscos e, por fim, a instauração de uma república.

---

**10** Santo Agostinho, *A cidade de Deus*, op. cit., p. 49.

Esse mito propõe, portanto, uma genealogia sexual do político, mas muito diferente da que nos oferece Freud em *Totem e tabu* (1913), em que a obediência política decorre da culpa dos irmãos por terem matado o pai da horda. O mito de Lucrécia propõe uma genealogia pela vergonha. A perfeição sexual é representada pelo casal unido em matrimônio que, como lembra Paul Veyne, é uma invenção romana.[11] O significado político do mito reside na promessa de complementaridade.

O privado e o público são dois espaços que se sustentam mutuamente: o homem precisa, para exercer suas funções públicas com serenidade e vigor necessários, poder se apoiar em uma casa perfeitamente gerida. O mito diz que a república é mantida pelas mulheres. Sua castidade, seu pudor alimentam a virilidade do cidadão romano quando ele defende o bem público no Senado ou no Fórum. Se a esposa se torna culpada de desordem sexual na intimidade do lar, todo o sistema desaba.

Lucrécia é considerada uma das maiores heroínas da Antiguidade, mas essa exaltação é problemática. Ela é seriamente ancorada no gênero, relegando ao homem e à mulher lugares fixos, deveres complementares. Mas a chave central é a virtude sexual da esposa. Foucault defendia que a pergunta grega para avaliar a capacidade do cidadão de exercer um papel político na cidade era: Ele é fiel? – isto é: ele é senhor de si mesmo? Antes de pretender governar os outros, pode ele governar a si mesmo?

A pergunta latina para garantir a república seria, na verdade: Ela é fiel? A sexualidade da mulher garante a perfeição política do marido. Ao homem, a justiça; à mulher, a vergonha, e a república será sólida.[12]

---

**11** Paul Veyne, "La Famille et l'amour sous le Haut-Empire romain". *Annales ESC*, v. 33, n. 1, 1978, pp. 35-63.

**12** Em 2014, no Théâtre de l'Odéon, Angélica Liddell propôs uma versão transgressiva e provocadora de Lucrécia para denunciar justamente esse bloqueio político-sexual das identidades. Fez isso ao limite e à custa de uma equação escandalosa: estupro = ato de amor. Tarquínio, tomado por um desejo louco, arranca de Lucrécia seu status de mulher perfeita, de esposa ideal: "Eis então como um estuprador me fez de amante. Pois, de todos os homens que estavam ao meu redor, pai, esposo e amigo, fanáticos por minha virtude, escravizados por suas ambições, com o meu sangue ainda quente em suas facas, o único que falou de amor, o único que não falou de pátria, o único que não falou de governo, o único que não falou de guerra, o único que não falou de política, o único que preferiu perder tudo em troca de um momento de amor, foi o estuprador, foi Tarquínio". *You Are My Destiny* (*Lo stupro di Lucrezia*).

# *Aidós*

Como reconhecemos um comportamento sem-vergonha? Pela falta de inibição, justamente: eu me exponho, exponho meus diplomas, minha pessoa, meu sucesso, minha intimidade, meu corpo. Não me constranjo. Inversamente, a vergonha pode então designar uma capacidade suspensiva, limitadora, certa retenção. Poderíamos nos abster, por *vergonha*, de fazer o mal, de cometer uma injustiça? É o segredo da ética grega, que tem em seu cerne o conceito de *aidós*.

Hoje é difícil imaginar que a vergonha possa representar um fundamento ético: estamos habituados a associá-la a amarguras e sofrimentos que deveriam ser *eliminados* a qualquer preço. Uma ferida a ser curada, uma toxicidade a ser liquidada. Superar a vergonha, extirpar suas raízes, é o plano que propõem os prescritores do bem-estar, os mercadores da felicidade. É como se o horizonte fixado por Nietzsche em *A gaia ciência* tivesse se tornado nossa maior injunção ética:

— A quem você chama de ruim?
— Àquele que quer sempre envergonhar.
— Qual a coisa mais humana para você?

**108** *Aidós*

— Poupar alguém da vergonha.
— Qual o emblema da liberdade alcançada?
— Não mais envergonhar-se de si mesmo.[1]

Hoje a vergonha é essencialmente denunciada como um veneno da alma, o maior obstáculo à resiliência, o pior inimigo da felicidade, o que nos impede de nos tornarmos nós mesmos, de florescer perfeitamente, de saborear os prazeres da vida e a presença dos outros, de gozar de sermos nós mesmos.

E, entretanto, encontramos em Confúcio e Platão – cada um ao seu estilo propõe os fundamentos espirituais da articulação estrita da ética com a política – enunciados inequívocos que fazem da vergonha a maior disposição ética para a discrição, o viver-junto e a busca do bem:

> O Mestre disse: "Caso o povo seja guiado pelo governo e [seu comportamento seja] uniformizado pelas punições, [ainda é possível que o povo] escape [das punições] e não tenha vergonha. Caso o povo seja conduzido pela virtude e disciplinado pelos Ritos, não apenas terá vergonha, mas também se tornará Correto".[2]

A vergonha é o princípio fundamental do homem de bem.[3]

Que vergonha é essa que, nesses saberes antigos, aparece como perfeição moral?

---

**1** Friedrich Nietzsche, *A gaia ciência* [1882], trad. Paulo César de Souza. São Paulo: Companhia de Bolso, 2017, p. 186.
**2** Confúcio, *Os anacletos* [séc. V AEC], trad. Giorgio Sinedino. São Paulo. Ed. Unesp, 2012, p. 31.
**3** Platão, *O banquete* [385-370 AEC], trad. Carlos Alberto Nunes. Belém: UFPA, 2018, 178c.

Observamos esses traços primeiramente em Confúcio, em seus *Anacletos*, sobre os quais podemos dizer que nunca um livro tão pequeno teve um impacto tão forte sobre uma população tão grande e por um período tão longo.[4] Hegel, entretanto, repreendia a insipidez desses textos. Ele não entendeu que a "banalidade" dos enunciados confucianos tinham a transparência (e a profundidade) da água cristalina. Não há nenhum paradoxo saboroso capaz de provocar uma inteligência brilhante nem qualquer fórmula esotérica feita para estimular uma compreensão sofisticada. São muitos enunciados rasos – mas de uma rasura vertiginosa. Esse conjunto de "ditos" contribui para um só objetivo: suscitar as virtudes da humanidade ao detalhá-las, virtudes que, quando cultivadas, produzirão uma cidade harmoniosa (ordem social consolidada e felicidade compartilhada).[5]

Na relação com os outros, será exigida a *piedade*, virtude que tece uma relação contínua com os contemporâneos e os ancestrais. Ela obriga à sinceridade, à justiça como um dever em relação ao outro. Ela se alimenta do sentimento de ter uma responsabilidade sem limites. É uma virtude da abertura: prontidão para devolver ao outro o que ele nos deu, mas também para receber dele; enfim, prontidão para se constituir como encruzilhada ética.

No contato com as regras, trata-se de ser *deferente*. Respeitar, mas sem fanatismo; cumprir com os ritos, mas sem hipocrisia. A deferência é o estado de espírito que acompanha a observância

---

**4** Simon Leys apud Cyrille J.-D. Javary, *Les Trois Sagesses chinoises: Taoïsme, confucianisme, bouddhisme*. Paris: Albin Michel, 2012.

**5** Sobre os saberes chineses e sua relação com a vergonha, podemos recorrer ao artigo de Anne Cheng, "Vertus de la pudeur dans la Chine classique", in Claude Habib (org.), *La Pudeur: la réserve et le trouble*. Paris: Autrement, 1992, pp. 74-90.

**110** *Aidós*

das leis, das convenções, alimentando-as com a doce convicção de ordem que seu próprio gesto produz.

Na relação consigo mesmo, por fim, reivindica-se a *modéstia*, para que nunca se presuma demais de si mesmo. É uma virtude de apagamento: não se vangloriar. Não há herói na moral.

Essas três virtudes da humanidade compartilham a mesma tonalidade fundamental: retraimento, retenção, reserva... É esse o sentido oriental da vergonha. Ela é menos uma virtude entre outras do que esse princípio que sustenta todas, ou talvez as retém em sua natureza, impedindo que se excedam e, assim, que se deteriorem – generosidade exagerada pode se tornar prodigalidade irresponsável, sinceridade hiperbólica pode virar transbordamento impudico, deferência demasiada pode se transformar em formalismo hipócrita etc.

A vergonha mantém em si cada potência ética, a fim de evitar o excedente contraproducente, o exibicionismo inútil. Cada uma de nossas condutas deve se manter ligeira e perpetuamente abaixo de sua capacidade, para que sempre tenhamos um pouco de energia moral de reserva – da mesma forma que retemos o vigor e a cólera para otimizar sua distribuição. A vergonha é um princípio de economia ética. Ela é o baixo contínuo da moral. Faz surgir um limite, impedindo o surto, a transgressão, o disparate. Exemplo: Confúcio afirma que "o sábio faz sempre mais do que diz".[6] Ele investe mais energia na ação concreta que em sua propaganda verbal, evitando se sujar com declarações sensacionalistas que criam uma cortina de fumaça. Então apenas assim "sua conduta está acima de seus preceitos".[7]

O declínio moral é se superestimar. Essa presunção abre as portas do reino ilimitado das sombras: vaidades, ilusões, um desco-

---

6 Confúcio, *Os anacletos*, op. cit.
7 Ibid.

lamento entre o que é dito e o que é feito, entre os princípios e as condutas. O homem sábio coloca a mola comprimida da vergonha no centro de suas virtudes para que elas tomem a medida de seu ser. Esse privilégio ético da reserva no pensamento oriental não delineia, entretanto, nenhuma zona de segredo ou intimidade. Trata-se muito mais de fazer uma triagem entre duas exterioridades: a exterioridade falsa e superficial da ostentação e da arrogância, de um lado, e a exterioridade muda, eficaz e plena de ações concretas, realizadas, de outro. A vergonha faz agir em vez de se gabar sobre agir. Ela permite que a pessoa seja realmente justa, deferente, sincera etc. em lugar de cantar os próprios louros a esse respeito.

———

O que foi dito por Confúcio, no vocabulário da reserva, será repetido por Platão no vocabulário do medo. Dois estilos, mas a vergonha sempre como um *freio*. Na via platônica, proponho duas imagens e dois enunciados.

Em *Protágoras,* lemos o mito de fundação do político: os homens, naturalmente desamparados, tinham recebido de Prometeu o dom do fogo para enfrentar as adversidades da Natureza. Mas imediatamente surge um segundo desafio: sobreviver aos dissensos interiores que ameaçam condenar a humanidade a disputas intermináveis e mortais. Para remediar isso, para impedir a extinção da espécie, Zeus faz Hermes distribuir a todas e todos a vergonha (*aidós*) e a justiça (*diké*).[8]

Em seu discurso sobre o amor pronunciado no *Banquete*, Fedro imagina um exército perfeito.[9] Se vocês pretendem construir uma falange invencível, diz ele, formem-na de amantes e façam-nos com-

---

**8** Platão, Protágoras, trad. Daniel Lopes. São Paulo: Perspectiva, 2017, obras III, 322c.

**9** Id., *O banquete*, op. cit., 178c-179b.

## 112 *Aidós*

bater juntos. Eles se precipitarão para o embate com muito mais coragem porque, diante dos olhos de seus amados, terão vergonha de manifestar o mínimo sinal de covardia. É recorrendo a esse sonho marcial que Platão faz Fedro dizer: "Qual é o princípio diretor [do bom homem], pergunto eu? A vergonha (*aiskhuné*) ligada à ação feia e a busca da honra (*philotimia*) ligada à ação bela".

Em um diálogo de juventude, o *Cármides*, lemos: "Aquilo pelo que se experimenta a vergonha (*aiskhunesthai*) é a sabedoria (*sóphrosuné*)". E em seu último diálogo da velhice, *As leis*: "Quando acreditamos que somos julgados perversos, quando fazemos ou dizemos algo impróprio, muitas vezes tememos a opinião pública, e esse medo é o que todo mundo chama de 'vergonha' (*aiskhuné*)".[10]

Platão dá muita importância à vergonha: é ela que possibilita o viver-junto (*Protágoras*), é a síntese da sabedoria (*Cármides*), é ela que dá coragem (*O banquete*) etc. Ela se apresenta como certa apreensão, mas não é como o medo que se apodera de nós perante um perigo real. Trata-se, antes, de um medo diante daquilo que poderia alterar nossa imagem pública. Se eu fizer isso ou aquilo, o que dirão de mim? Esse medo não tem origem na covardia, por mais que, como ela, iniba e obstrua. A vergonha é antecipatória. É por isso que a vergonha ética se conjuga sempre no modo condicional: não, eu me recuso, *eu ficaria com muita vergonha se...* Uma vergonha que nos assombra, vergonha da vergonha: eu a imagino, antecipadamente, para evitar sofrer o dano real. Eu imagino o descrédito que se seguiria a tal decisão, a infâmia que tal ato representaria, e sou afetado por essa imagem. Nós nos projetamos fantasiosamente sob o olhar dos outros, e a partir dessa projeção construímos uma barreira moral.

---

**10** Id., *As leis*, trad. Edson Bini. São Paulo: Edipro, 2021, 647a.

**113**

Essas éticas da vergonha foram amplamente desacreditadas em favor das morais de culpa. Retomo aqui três acusações que aparecem com frequência.

A primeira, já mencionada, consiste em condenar a vertente conformista desse apego à opinião alheia: o "bom" é estritamente definido por aquilo que é socialmente validado. O exercício da virtude se confunde, então, com o respeito pela decência. Nos abstemos de matar o próximo pelas mesmas razões que hesitamos em assoar o nariz em público: isso não se faz.

Uma segunda acusação consiste em denunciar a vertente estetizante. A experiência mental (o que vão pensar de mim se...?) que preside a escolha moral faz o *espetáculo* que devo oferecer servir de regra para mim – a vergonha, disse Platão, se associa à ação feia e desgraçada, e o orgulho às ações belas.[11] Ora, mas será que se trata mesmo de uma questão moral de ser bem-visto e admirado, de se curvar aos padrões estéticos? Seríamos virtuosos por narcisismo, por dandismo?

A última acusação reside na mesquinha pedagogia da humilhação que facilmente se extrai dessa vergonha ética. Pois, no fim das contas, podemos dizer logicamente que castigos públicos bem-organizados e memoráveis permitirão transplantes de vergonha bem-sucedidos: no caso do castigado, que associará seu ato vicioso a uma humilhação mortificante; no caso dos espectadores, que irão querer evitar o mesmo destino. Essas práticas "pedagógicas" foram objeto de relatos horripilantes, de Karl Phi-

---

[11] Ibid., 178d.

lipp Moritz[12] a Thomas Bernhard,[13] passando por Balzac.[14] Esses romances de formação sempre mostram o quanto essas degradações simbólicas, rapidamente sentidas como gratuitas, injustas, desnecessariamente cruéis, longe de realizar uma "moralização" útil, acabam por endurecer as vítimas, ao mesmo tempo que inspiram nos espectadores alegrias maldosas. A humilhação nunca produziu qualquer virtude.

———

Devemos então jogar as éticas da vergonha na lata de lixo da História? Mas elas continuam a nos assombrar em nosso adjetivo "sem-vergonha"; secretamente as lamentamos quando constatamos que "as pessoas não têm mais vergonha de nada!".

Gostaria de observar que as condenações acima são baseadas em versões decadentes, no mínimo alteradas, da ética grega. Elas já funcionam a partir do binômio interior/exterior, como se a culpa tivesse o privilégio de habitar as profundezas da alma enquanto a vergonha só pudesse ser combinada com o desejo superficial de ser afável, cortês, ortodoxo. Esquecemos, por exemplo, que se o contrário de "culpado" é "inocente", o contrário de "envergonhado" é justamente "sem-vergonha" – o polo da positividade ética está, portanto, do lado do primeiro termo.

Para além disso, essas críticas passam ao largo do que essas proposições morais têm de essencial: a dinâmica imaginativa e o apelo ao testemunho privilegiado. Eu me projeto, visualizo de

———

**12** Karl Philipp Moritz, *Anton Reiser* [1785], trad. José Feres Sabino. São Paulo: Carambaia, 2019.

**13** Thomas Bernhard, *Origem* [1975], trad. Sergio Tellaroli. São Paulo: Companhia das Letras, 2006.

**14** Honoré de Balzac, *Louis Lambert* [1832], trad. Laurentino Afonso. Foz do Iguaçu: Epígrafe, 2020.

antemão, antecipo. A imaginação está no comando, ela alimenta o medo de aparecer, ela enche o condicional de imagens: *Eu teria muita vergonha se...* Mas diante de quem? Não obrigatoriamente diante da sociedade como um todo ou das pessoas em geral. Imagino o que *tal pessoa*, espantada, pensaria de mim; o que diria *tal outra*, decepcionada; eu introjeto o olhar severo de um terceiro. Todos são testemunhas qualificadas, amigos estimados, pessoas que importam. Só é válida a vergonha que experimentamos diante dessas pessoas que respeitamos, que admiramos – uma minoria eleita, e não "todos os outros". Aristóteles dizia sobre a amizade que ela era rara ("Ah, meus amigos, não existe amigo nenhum"),[15] que ela pressupõe valores compartilhados, que permite a cada um estimar suas próprias escolhas existenciais ao constatar com gosto no amigo o respeito por princípios que eu mesmo me proponho a cultivar. A pergunta, no momento da experiência imaginativa da vergonha, torna-se: Se eu me permitir tal gesto, tal ação, eu estou preparado para suportar, mesmo que de forma projetiva, o desprezo de meu melhor amigo – o que implicaria automaticamente o desprezo por mim mesmo?

Alcibíades – um jovem muito bonito, muito ambicioso, muito enérgico – é corajoso, audacioso. Político brilhante, soldado intrépido, ele seduz toda Atenas e salta cinicamente de conquista em conquista, de provocação em provocação, de compromisso em compromisso. Nada resiste a ele mas, diante de Sócrates, ele treme.

E senti diante deste homem, somente diante dele, o que ninguém imaginaria haver em mim, o envergonhar-me diante de de quem

---

**15** Frase atribuída a Stagirite, mas não se sabe se ele a escreveu ou pronunciou de fato – o primeiro a citá-la é Diógenes Laércio em *Vidas, doutrinas e sentenças dos filósofos ilustres* (trad. Mário da Gama Kury. Brasília: Ed. UnB, 2008).

**116** *Aidós*

quer que seja; ora, eu, é diante deste homem somente que me enver-gonho. Com efeito, tenho certeza de que não posso contestar-lhe e que não se deve fazer o que ele manda, quando me retiro sou ven-cido pelo apreço em que me tem o público. Safo-me então de sua presença e fujo, e quando o vejo envergonho-me pelo que admiti.[16]

A vergonha ética é um autoafeto que se alimenta de experiências mentais sustentadas pela imaginação. Nem emoção – como uma paixão triste que me arrebata, me atravessa, me oprime –, nem vir-tude – como uma disposição moral ativa que controlo com a ajuda das experiências vividas. *Aidós* é um autoafeto: eu o alimento em mim com exercícios regulares, eu o alimento de experiências men-tais sucessivas a fim de estruturar uma relação ética comigo mesmo.

---

**16** Platão, *O banquete*, op. cit., 216a-b, p. 47.

# O envergonhar filosófico

Até que ponto a vergonha que regula nossa relação com o bem poderia regular também nossa relação com a verdade? À custa de uma inversão: enquanto o sábio convida a um "se envergonhar" a si próprio, por meio de projeções imaginárias (*aidós* como estruturação ética do sábio, como exercício mental), o filósofo compreende o "envergonhar" como direcionado a outrem e assim provoca seu discípulo, seu interlocutor etc.

Em suas homilias, o papa Francisco várias vezes falou sobre o que ele chama de "a graça da vergonha".[1] Expressão engraçada. Pois gostamos mais de ver a vergonha associada a tristezas injustas, quase como um flagelo psíquico, um veneno mental. Portanto, fazer dela uma graça, um dom divino, correndo o risco de um Deus cruel, parece um pouco demais. O contexto da expressão esclarece seu sentido: a confissão, o exame interior. Este último requer lucidez, sinceridade e, sobretudo, uma falta total de complacência. Preferimos nos manter à distância de certas dobras

---

1 Homilia de 9 mar. 2020 e *Meditação matinal* de 26 fev. 2018 (Libreria Editrice Vaticana).

## 118   O envergonhar filosófico

tenebrosas de nossa própria consciência (motivações terríveis, desejos abjetos, lembranças pouco gloriosas) para nos poupar da vergonha, sobretudo quando se trata de compartilhá-la com os outros. Essa fuga nos mantém, entretanto, prisioneiros de nossos próprios caminhos.

Outrora os diretores de consciência cristãos insistiam sobre a importância decisiva dos sinais de vergonha que precedem confissões dolorosas. E é aí que seria preciso estar atento, promover essa eclosão de verdade anunciada por certa confusão (*erubescentia*), por silêncios pesados.[2] A vergonha é sempre ambígua. Trata-se, na verdade, de duas dores distintas: o medo antes de dizer e a dor na hora de falar. Ela está nos dois versos das verdades malditas: é ela que as impede de serem pronunciadas (potência de recalcamento) e é o estado no qual está imerso aquele que as articula (exposição dolorosa). Pedir a Deus a vergonha como uma graça (Senhor, faz--me sentir vergonha!) é ir ainda mais longe. De partida, podemos afirmar que precisamos de força para ir até o fim da vergonha e que, se não fizermos concessões, essa travessia atormentada será purificadora. A escolha de enfrentá-la vale como decisão de transformação interior. Mas, se a vergonha pode aparecer como uma graça, é sobretudo por ser difícil erradicar de si toda forma de complacência. Não sentimos que precisamos confessar aquilo de que não necessariamente nos envergonhamos porque já nos reavemos com a nossa consciência nesses casos, encontrando desculpas. É aí que a ajuda externa se mostra necessária, pois estamos mais que dispostos a minimizar ("Ah, não, não é tão grave"). Uma vergonha propriamente divina, purificadora, permite julgar vergonhoso o que eu poderia relegar a pecadilhos e me coloca no caminho de uma transformação espiritual.

---

2  Cf. Alcuíno de York, *De confessione peccatorum*, séc. VIII.

De maneira mais laica, mas igualmente insistente, Freud disse certa vez a Theodor Reik – quando este, em uma sessão de análise, confessou estar se contendo por vergonha de dizer o que tinha em mente: "Sinta vergonha, mas diga!".[3] Conhecemos a "regra fundamental" da psicanálise: enunciar em voz alta as representações, imagens e reflexões que "espontaneamente" podem nos ocorrer, sem censurar aquelas que poderiam parecer demasiado absurdas ou inconvenientes. A vergonha, aqui, é uma boa pista. Quando sinto meu próprio rubor enquanto falo, sei que estou me aproximando do eu oculto, que estou tocando verdades proibidas: estou ardendo.

—

Muito antes da "regra fundamental" da psicanálise, antes mesmo do exame interior cristão, a filosofia, no momento de sua invenção socrática, já tecia relações sólidas entre o "dizer a verdade" e a vergonha, propondo um modelo único e irredutível de vergonha catártica. Encontramos nos diálogos platônicos, é claro, algumas passagens em que a vergonha é classicamente considerada como um obstáculo a uma busca séria da verdade. Não esqueçamos a dimensão pública dos embates socráticos: a presença de "espectadores" obriga o interlocutor de Sócrates a se abster de expressar convicções que hoje diríamos politicamente incorretas. O interlocutor prefere se ater a generalidades vagas e consensuais para não ofender. É o que vemos em *Górgias*, nas respostas dos dois primeiros sofistas (Polos e Górgias) a Sócrates, quando este os convida a definirem, juntos, o que é a retórica. Eles não ousam ir até o fim de seu pensamento e assumir a ideia de que, no fim das contas, um bom retórico pode (deve) ser totalmente desprovido de moralidade e se mostrar pronto a defender o verdadeiro como falso, o ignóbil

—

**3** Apud David Bernard, "La honte de vivre", in Jean-Luc Gaspard, "La Souffrance de l'être". Paris: Érès, 2014, pp. 63-76.

## 120  O envergonhar filosófico

como sublime, contanto que seja convincente. Quando Cálicles toma a palavra para afirmar, sem vergonha nenhuma, que a retórica não é senão a arte de saber usar os recursos da linguagem para fins de poder, Sócrates se maravilha de ter encontrado um interlocutor à altura: Pelo menos você, diz ele, não tem vergonha de dizer o que pensa, você tem um falar franco (*parresía*), você não liga para as convenções sociais, você não tem um falso pudor. Com você poderei, enfim, discutir.[4]

Mas esse é apenas o significado fraco da vergonha, como retenção convencional. No contexto do diálogo filosófico, é preciso, com todas as forças, "questionar aquele que crê afirmar alguma coisa, enquanto, na verdade, não afirma nada".[5] Ao praticar a refutação (*elegkhein*: discutir, fazer objeções, corrigir), pressionando-o com perguntas, levando-o ao limite, Sócrates obriga seu interlocutor a se perguntar *até que ponto ele pensa o que pensa*, até que ponto ele sabe o que sabe. A filosofia é esse colocar à prova: prove que seu pensamento não é decorado, que suas convicções não são apenas um depósito ocupado por sua família ou seus amigos, que seu juízo vai além do automatismo, mas que eles *se aferram* à sua alma, enraizados que estão em suas próprias razões.

Sócrates, importunando seu parceiro de diálogo com insistentes pedidos de reformulação, o leva inevitavelmente a um estado de miséria e desamparo, e aí o interrogado chafurda na vergonha. Confrontado com suas próprias contradições, perseguido por seus próprios dizeres, ele termina por "se irar contra si mesmo".[6] É um primeiro sinal: a raiva de si atesta uma decepção. E logo vem a vergonha, uma vergonha salvadora, purificadora. Vergonha, pois sua

---

**4** Platão, *Górgias*, trad. Daniel Rossi Nunes Lopes. São Paulo: Perspectiva, 2011, obra II, 487a-b.
**5** Id., *O sofista*, 230b-d.
**6** Ibid.

própria alma encontra-se desnuda aos olhos de todas e de todos, despojada de seus ornamentos de verdades sociais ou familiares, dos pseudossaberes escolares com que se revestia, até se ornava. Então a alma se liberta, se livra do amontoado de opiniões assimiladas, das convicções de impostura: "Graças à refutação, a alma se envergonha de si mesma e se livra das opiniões que impediam o conhecimento. Ela se vê purificada".[7] Vergonha catártica.

A função inicial da filosofia é envergonhar. Mas não se trata jamais de humilhar a ignorância – eis o pecado do envergonhar escolar, humilhante, pueril, perigoso. A ignorância representa quase uma benção: alma transparente, dúctil, que ainda não foi recoberta pelo lodo espesso da *doxa*, que ainda não foi desacelerada, entulhada pelo peso das certezas da moda, mas é leve e viva o bastante para explorar seu próprio fundo intacto e extrair dele verdades nativas.

Por meio de uma inversão provocadora, a filosofia defende que podemos ter orgulho de nossa ignorância, mas vergonha de nossos saberes.

Dobra socrática: eu sei que nada sei. O contrário da verdade não é o erro, é a opinião recebida sem exame. O verdadeiro inimigo são as convicções automáticas. Sócrates humilha as pretensões de saber, as certezas do conforto social. E, se a filosofia envergonha, é porque a alma está presente para ser atravessada e realmente despida, desnudada, despojada, exposta pela pulverização de seus conhecimentos superficiais. Contudo, esse exercício é perigoso: é por tê-lo praticado por muito tempo e com muita gente que Sócrates acabou condenado à morte por Atenas. Eles não suportaram, os políticos vaidosos, os magistrados arrogantes, os artistas pretensiosos, ter suas almas despidas assim em público.

---

7  Ibid.

## 122 O envergonhar filosófico

Identifico uma posteridade desse envergonhar socrático em Jacques Lacan, quando ele se dirige aos pretendentes, aos candidatos, aos futuros analistas que vêm ouvi-lo para aprender com ele o que são o inconsciente, a transferência, o sintoma, coletar teses e capitalizar sobre o simbólico e o imaginário. Então, sim, ele os envergonha. A experiência de ler seus *Seminários* é, no mínimo, se formos honestos, terrivelmente irritante. É como pegar areia nas mãos: sentimos os grãos escorrendo pelos dedos e, depois de ler algumas páginas, percebemos que estamos com as mãos desesperadamente vazias. Pela construção impossível de suas frases – Lacan parece sussurrar depois de cada tese aparente: "A não ser que seja o contrário", borrando cada enunciado com incidentes que destroem seu sentido –, estabelece-se um gigantesco envergonhar do qual saem ilesos somente (eles são, infelizmente, numerosos) os arrogantes que preenchem todo o ar inspirado com fórmulas esotéricas, quandos e trata essencialmente de dizer: Se vocês acham que entenderam alguma coisa, você está metendo os pés pelas mãos. Se eu sirvo para alguma coisa aqui, é antes de tudo para destituir vocês desse saber inconsistente que, além do mais, vocês afirmam ter tirado de mim! Não haveria nada pior que sair do seminário dizendo a si mesmo: Pronto, entendi, anotei a fórmula em meu caderno cinza, agora só preciso aprendê-la de cor para recitá-la aos outros. E, olha só, hoje já estou mais sábio que ontem.

A presença de vocês aqui, tão numerosos, que tão amiúde me embaraça, tem razões um pouco menos que ignóbeis [...] é que, não demasiado, mas o suficiente, me acontece provocar-lhes vergonha.[8]

---

**8** Jacques Lacan, *O seminário, livro 17 – O avesso da psicanálise*, trad. Ari Roitman. Rio de Janeiro: Zahar, 1992, p. 184.

A vergonha existe a fim de que cada um e cada uma sejam detidos à beira do dogma. Há algo mais perigoso, mais nocivo que a ignorância: o crer-saber. Se a filosofia se entende como esse projeto de envergonhar, é que ela nos impede (um pouco) de cair na burrice e na vulgaridade espiritual. A banalidade do mal é esse crer-saber que goza ao impor aos outros a pretensão tola de saber muito mais e de encontrar nisso razão para desprezo, a tentação de empoleirar-se sobre seus diplomas para humilhar os outros.

A filosofia tem somente uma função, uma utilidade pública, que é envergonhar os terroristas da verdade.

# Futuro do pretérito

Sobreviver ao extremo: ao assédio, ao estupro, à tortura, ao incesto, aos campos de extermínio. Sobreviver e carregar a vergonha como estigma.

Os sobreviventes incomodam, inquietam, talvez porque atrapalhem a digestão das pessoas sadias. Mas a verdadeira vergonha, são eles que a experimentam.

Virginie Despentes escreve mais uma vez com a sua provocação inquietante, seu lirismo áspero: uma garota que sobrevive ao estupro sempre levanta suspeitas; ela certamente sentiu *algum tipo* de prazer.[1] Será que ela se defendeu mesmo? Aqueles que não morreram sob tortura tiveram que passar pela mesma suspeita atroz, como conta Jean-Michel Chaumont em uma pesquisa arrepiante sobre os sobreviventes do Partido Comunista Belga em 1945.[2] E

---

**1** Cf. o capítulo "Fato social total: o incesto e o estupro (vergonha traumática)".

**2** Jean-Michel Chaumont, "Survivre à la torture", in *Survivre à tout prix?: Essai sur l'honneur, la résistance et le salut de nos âmes*. Paris: La Découverte, 2017.

se sobreviveram pelas razões erradas? Podemos de fato supor que fulano ou ciclano, *visto que ainda estão aqui*, devem sua vida ao fato de terem falado?

Primo Levi descreveu a estranha e difusa vergonha que os sobreviventes dos campos de extermínio sentiram após serem libertos, e que assumiu a forma de uma angústia surda, um desconforto sem fim. Em um capítulo de *Os afogados e os sobreviventes*,[3] ele oferece várias perspectivas que servirão de referência: vergonha a posteriori, do "por que eu?", enfim, vergonha do mundo.

A libertação do campo de extermínio de Auschwitz pelas tropas soviéticas em 27 de janeiro de 1945 não representou para ele um momento de exultação intensa, ou então representou muito pouco. Significava o retorno das inquietações, das angústias: perguntar-se o que teria acontecido à família, aos entes queridos, informar-se sobre a situação social e política de seu país natal. O que aconteceu com todos, onde estão eles? Durante meses, anos, os sobreviventes dos campos de concentração viveram sem família nem pátria. Era apenas um corpo a ser preservado, reproduzido, protegido da fome, do frio e dos golpes de chuva, sustentado apesar do cansaço; um corpo que tentava repelir, desesperadamente, o momento de uma morte inelutável, iminente, calculada. Ser libertado, organizar o retorno era redescobrir as preocupações de mulheres e homens engajados na existência, sentir novamente pesar sobre os ombros a responsabilidade do mundo.

A vergonha a posteriori foi para Primo Levi, inicialmente, lembrar-se das condições de vida nos campos de concentração. Os gregos antigos distinguiam entre *zoé* e *bíos*. *Bíos* é a existência qualificada, estruturada por um status, um meio, uma escolha de vida, tarefas, uma agenda. A preocupação é dar-lhe forma. *Zoé* é

---

**3** Primo Levi, *Os afogados e os sobreviventes: os delitos, os castigos, as penas* [1986]. São Paulo: Paz e Terra, 2016.

## 126 Futuro do pretérito

aquilo que em nós decorre da pura biologia, da reprodução celular, do alcance da teimosia da imanência vital, a "vida nua".[4] Na existência nos campos de concentração, trata-se apenas disto: reunir forças suficientes para não morrer. Aqui se aplica o uso paradoxal do prefixo "*sobre*" [*sur*], mas sem entrar na categoria dos conceitos aumentados[5] (como no caso do super-homem [*surhomme*] em Nietzsche, do sobretrabalho [*surtravail*] ou sobrevalor [*survaleur*] em Marx, de superpoder [*surpouvoir*] e supersaber [*sursavoir*] em Foucault). O "sobre" aqui é um "sob", como em sobrenadar. Sobrenada aquele que nada para não afundar. Sobrevive aquele que vive apenas o suficiente para não morrer.

Em Auschwitz, sobreviver é um esforço constante que compele a um egoísmo sórdido e salvador. Tudo o que envolve respeito, compaixão, solicitude para com o próximo torna-se perigoso, escreve Primo Levi. O código moral aparece como um luxo não somente inútil, mas nocivo, prejudicial. A provocação de Alain é ilustrada com uma intensidade excruciante: "A moral é boa para os ricos".[6] A raiva de não morrer confisca tudo, induz uma falta de vergonha que não se baseia no desprezo pelo outro, mas em um egoísmo de sobrevivência. A vergonha ética, reguladora social, da qual falávamos há pouco (*aidós*), diz respeito à vida, e nunca à sobrevivência. Se ela é ignorada pelos cínicos sinistros para quem os cânones da

---

**4** Conceitualizada por Giorgio Agamben (especificamente em *Homo Sacer: o poder soberano e a vida nua I*, trad. Henrique Burigo. Belo Horizonte: Ed. UFMG, 2010), a expressão "vida nua", que aparece pela primeira vez em Walter Benjamin, significa simultaneamente a vida como pura palpitação vital e sua sacralização.

**5** Essa distinção entre o sentido de sobreposição e de engrandecimento é refletida na língua portuguesa pelos prefixos "sobre" e "super", respectivamente. [N. T.]

**6** Alain (Émile-Auguste Chartier), *Propos du 13 novembre 1909*. Paris: Gallimard, 1956.

moralidade comum são capachos onde limpam suas ambições – e eles pensarão, então: a moral é boa para os pobres –, ao sobrevivente ela aparece, pelo contrário, como um luxo perigoso. A posteriori, Primo Levi se pergunta: Como eu pude me comportar assim, como pude ter sido desrespeitado a tal ponto, ter vivido a tal ponto como um animal, ter abandonado as regras elementares atribuídas à "humanidade"? Os meus carrascos, o que eles fizeram de mim? Vergonha retrospectiva.

———

Para os psicanalistas, a vergonha a posteriori ganha um sentido clínico doloroso e preciso. Vítima de assédio, de agressões sexuais precoces que atordoam, a criança elabora tardiamente, durante a puberdade, um significado sexual sobre os gestos sofridos no passado, em momentos de angústia, surpresa, solidão e incompreensão. Ela tem vergonha a posteriori. Será bem mais tarde que ela sentirá um mal estar angustiante, cujas raízes compreenderá mal a menos que reviva as cenas traumatizantes.

A estrutura do a posteriori atesta a não linearidade do psiquismo. Apenas um fenomenólogo dotado de uma consciência vertical de suas potências constitutivas é capaz de distinguir facilmente entre a retenção (tenho lembranças do passado), a atenção (concentro-me no presente) e a antecipação (tenho projetos para o futuro). A hipótese do inconsciente pressupõe dobras, reversibilidades e pontos de parada em nossa vida psíquica. Nem tudo ali se passa segundo um vetor temporal ordenado pelo desenrolar de sequências sucessivas, com o presente se empilhando progressivamente sobre o passado enquanto o futuro próximo oferece uma reserva de novas representações destinadas a se aglutinar às antigas.

O a posteriori do trauma se conjuga no futuro do pretérito. *Eu teria sido* vítima de um incesto, teria sido estuprada. A inscrição no evento não acontece no momento em que ele acontece, mas

## 128 Futuro do pretérito

mais tarde, quando eu o compreendo, quando o articulo em uma narrativa e lhe dou um sentido.

O futuro do pretérito é um tempo de ação deslocada (um passado que ocorre depois, um futuro que se realiza antes). É o tempo, por exemplo, da promessa: "Amanhã eu faço, terei terminado este trabalho". Hoje, digo que amanhã é como se já tivesse acontecido, eu dou ao evento que está para acontecer a solidez de uma rocha do passado. É também o momento da observação retrospectiva, por vezes desencantada, que remete às sombras as veleidades anárquicas e os desejos loucos: no fim das contas terei conseguido apenas isso ou aquilo. É o momento lúcido da resignação superior na oração. Não nos atentamos o bastante à construção temporal da oração cristã. Presente: "O pão nosso de cada dia nos dai hoje" (acolher o que é dado). Passado: "Perdoai-nos as nossas ofensas" (aceitar os erros já cometidos). Futuro: "Não nos deixeis cair em tentação" (prevenção dos erros futuros). Mas esses três pedidos são suspensos pela injunção inicial "Que seja feita a vossa vontade", isto é: seja qual for minha gesticulação, *no final terá sido* como Ele, desde sempre, havia decidido. O futuro do pretérito é o eco do Eterno em nossas sensibilidades temporais.

---

Lacan, em uma frase conhecida, definiu o tempo do inconsciente por excelência: ele é o que "terá sido",[7] o que significa, de certa maneira, trocar Deus pelo inconsciente. Para desvendar o enigma dessa última

---

**7** Jacques Lacan, *O seminário, livro 1 – Os escritos técnicos de Freud*, trad. Betty Milan. Rio de Janeiro: Zahar, p. 186. A frase integral é: "[...] o que vemos sob a volta do recalcado é o sinal apagado de algo que só terá o seu valor no futuro, por sua realização simbólica, a sua integração na história do sujeito; literalmente, nunca será mais do que uma coisa que, em um dado momento de realização, *terá sido*".

fórmula, precisamos entender de antemão que o inconsciente, para cada um, é o que nos dá vergonha. Nos primeiros textos de Freud (primeira tópica), a vergonha é a alavanca essencial do recalque: é por serem vergonhosos que os desejos são recalcados e que os acontecimentos são esquecidos.

Já evocamos Fedra,[8] "a filha de Minos e de Pasífae", a filha do sol que, na tragédia de Racine, permanece escondida em seus aposentos, recusando a luz do dia: ela tem vergonha, vergonha de seu desejo (ela ama perdidamente seu enteado). Não, não é culpa. Nos sentimos culpados do que fizemos, mas do desejo temos vergonha: pois ele nos aparece como monstruoso, como uma aberração. Isso não sou eu, com meus valores, minhas convicções; não fui eu que fiz o que pude fazer, não fui eu que cheguei a esse ponto; entretanto, por baixo mesmo de toda ação, esse desejo me atravessa, me arrebata, me ultrapassa, me define. Quem sou eu para desejar *isso*?

Retorno a Freud quando ele afirma: a consciência não é somente o instrumento para otimizar a adaptação à realidade exterior. Ela é o que, dolorosa e perpetuamente, se esgota quando dobramos desejos impossíveis, ardores insensatos diante do decoro social, intransigências morais; a consciência cria uma barreira contra os impulsos inapropriados. Sobre a vergonha narcísica, dissemos há pouco[9] que ela era o estigma de uma relação dolorosa com o real, entendida como um muro implacável que esmaga nossas ambições desmedidas, caduca nossas capacidades ilusórias, estilhaça nossos sonhos de onipotência. Podemos ir ainda mais longe. Se chamamos de "realidade" aquilo que resiste e ergue um muro, devemos admitir que o que nos detém, talvez mais que o real, são os desejos insistentes, nossos velhos medos,

---

8  Cf. o capítulo "Fundação sexual da república".
9  Cf. o capítulo "Uma história de fantasmas".

## 130 Futuro do pretérito

nossos bloqueios enraizados. São eles que nos levam a cometer os mesmos erros desastrosos, a conhecer as mesmas pessoas, a sofrer as mesmas derrotas.

A *realidade* de nossa existência, aquela que envergonha, figura nesse tumulto. Apesar de nossa boa vontade, nossas resoluções corajosas, nossos sonhos de disciplina, o que *retorna* é o inconsciente: sina implacável de nossas existências, é ele que traça nosso destino. Para além de minha vanglória, de minhas grandes declarações e ambições exibidas, no fim das contas eu *terei conquistado* isto, terei realizado aquilo. E o que vai impor limites não são (apenas) o azar, os encontros ruins, as oportunidades perdidas, mas sobretudo meus entraves íntimos. O inconsciente, nesse sentido, é o que nos dá vergonha: ele introduz esse intervalo entre o que eu acho que quero e o que *eu quero de verdade*. Basta pensar nos atos fracassados – e, portanto, bem-sucedidos –, nos freios da angústia, nas patologias intempestivas. Ele é, assim, o que nos dá *história*.

———

O que chamamos de nosso "passado" se divide entre duas séries de acontecimentos: aqueles que se conjugam no passado (pretérito perfeito, pretérito mais-que-perfeito etc.) e aqueles que se conjugam no futuro do pretérito. No passado (ontem eu fiz isso, comi aquilo, vi tal coisa) se conjuga a série de acontecimentos anódinos, banais, monótonos, deixando marcas de contornos claros, mas rapidamente apagadas.

E depois temos aquele que dá história: o que perfura, desorganiza, rasga o presente, o que não se inscreve, ou mal se inscreve, na continuidade das tramas monótonas e as escancara. Um encontro, uma palavra, uma emoção, uma leitura assustam, inquietam, despertam uma angústia inexplicável, um mal-estar indefinível. Não domino o sentido do que está acontecendo comigo pois estou completamente desarmado. Ou então isso faz reverberar antigas configurações psíquicas que permaneceram não elaboradas, que deixaram feridas em carne viva. Em todo caso, trata-se de acontecimentos cujo sentido foi suspenso, como se tivessem passado sob os radares (sensores e transformadores) da linguagem. Não é porque uma coisa aconteceu *antes* que ela obrigatoriamente já passou. Os segredos impossíveis, as feridas secretas estão à espera de uma configuração que está por vir, de uma resolução, um acontecimento. Agimos como se a psicanálise dissesse: tudo é o fruto, o resultado dos primeiros anos; o passado determina seu futuro. Enquanto a lição é exatamente o oposto, portanto mais enigmática: é o seu futuro que determina o passado – esse passado que ainda não *se realizou*.

No fundo, o que chamamos de "cura" em psicanálise não serve para reviver lembranças esquecidas, como se fosse um simples ato de extração. Trata-se, sobretudo, de tomar consciência desses fragmentos do passado que até então existiam apenas sob a forma de bloqueios somáticos, repetições de fracassos, comportamento incompreensíveis. Passamos muito tempo, certamente, tentando realizar o futuro (concretizar nossos sonhos, cumprir nossas promessas etc.), mas o que frustra esse esforço é não ter "realizado o passado" o suficiente. Essa expressão só pode ser completamente entendida se aceitarmos operar uma distinção entre o real e a realidade. O real é o acontecimento bruto, opaco, incompreensível, obscuro, incomparável. E o real torna-se realidade quando ele é falado, submetido a diferentes esclarecimentos, elaborado, tomado e retomado nas malhas da linguagem. Ele só se torna realidade muito tempo depois de ter acontecido. Novamente, então, o futuro do pretérito: o sentido do passado se dá a posteriori.

Nossos primeiros anos são pontuados por inúmeras descobertas surpreendentes, rupturas avassaladoras, emoções espantosas e feridas incontroláveis. A criança, *infans*: que não tem linguagem suficiente para distanciar o mundo, torná-lo mensurável, coerente,

**132    Futuro do pretérito**

razoável e é o tempo todo atravessada por esses momentos de pura violação que ela articulará muito mais tarde.

Viver é conjugar o futuro do pretérito da própria infância.

—

Eu retorno, após esse longo desvio, à vergonha a posteriori evocada por Primo Levi. Ela surge a partir de lembranças apagadas de sua vida nos campos: Mas como eu vivi, escreve ele, ou melhor, como aceitei viver? Menos que animais: sobreviventes. Como veremos mais tarde, a referência ao mundo animal ("Nós vivêramos durante meses ou anos em um nível animalesco")[10] serve sobretudo para nos tranquilizar. O sobrevivente, na verdade, não escapa da humanidade: ao contrário, ele toca *seu fundo*. Espanto retrospectivo por ter aceitado esse estado de degradação, por não ter tido mais vergonha a esse ponto, por ter se mostrado pronto para todos os estratagemas iníquos, todas as traições atrozes para comer, dormir, beber, se aquecer. Nada mais detém ninguém, ninguém mais detém nada.

—

A tal ponto, diz Primo Levi, que o suicídio era raro em Auschwitz. Não havia tempo, não havia energia, havia "mais o que fazer do que pensar na morte".[11] O suicídio como decisão se alimenta de uma angústia diante de um mundo, de uma vida esvaziada de sentido, de uma falta de futuro, de uma perda de dignidade. Ora, o sobrevivente não é sequer aquele que dá sentido e valor apenas às necessidades fundamentais da existência. Por seu estado, ele já está longe de qualquer sentido articulável, de qualquer valor

———

**10**   Primo Levi, *Os afogados e os sobreviventes*, op. cit., p. 65.
**11**   Ibid., p. 66.

enunciável. Esse colapso faz do suicídio um luxo que o sobrevivente não pode mais se dar.

———

Eu dizia há pouco: o sobrevivente e o cínico são duas figuras opostas da superação da vergonha ética. Seria preciso acrescentar o pai dedicado e o amante em transe. Com isso quero dizer: quando se trata de pessoas que amamos loucamente, a vergonha não nos contém. Sacrificamos toda dignidade e toda felicidade tão logo sua saúde e felicidade se vejam ameaçadas. Penso no *Rigoletto*, de Verdi (ato II, cena III). O bufão, para saber o que aconteceu a sua filha, aceita se desfazer de seu personagem sarcástico e zombeteiro. Confrontado pelos senhores da corte, Rigoletto se curva, se deita, se ajoelha diante dos cortesãos sem nenhuma vergonha, se humilha para descobrir onde está sua filha, raptada no dia anterior. A mudança musical é surpreendente. Passamos da raiva à queixa, das marteladas ("*Cortigiani, vil razza dannata...*") ao pânico lamentoso: "*Miei signori, perdono, pietate*". Rigoletto atravessa os limites da decência do bufão que deveria permanecer irônico e mordaz. Ele não tem mais vergonha de implorar, de inspirar pena, de beijar os pés. Ele se lança às queixas, chora, se entrega à humilhação. Pela filha. A superação da vergonha é o critério do amor louco. "*Pietà, pietà, signori.*" A vergonha não importa mais quando se trata daqueles e daquelas que amamos.

———

A segunda raiz da vergonha do sobrevivente, escreve Primo Levi, está em uma questão terrível: "Por que eu?". O fio da vida, tênue, não se partiu. Ainda estou vivo. Ainda estou vivo quando tantos outros morreram, tantos outros que eram melhores do que eu. E a regra de ouro dos campos é que sucumbem prioritariamente as pessoas doces, generosas e leais, enquanto as rudes, egoístas e

**134    Futuro do pretérito**

cínicas sempre encontram uma maneira de viver. É possível ter sobrevivido aos campos de extermínio por boas razões? De minha parte, escreve Primo Levi, tenho apenas a impressão de ter tido muita sorte. Que eu saiba. Mas nós realmente sabemos. A suspeita nos corrói por dentro:[12] até que ponto não terei tomado o lugar de um outro, *visto que estou vivo?*

Poderíamos dizer: a vergonha é sempre uma questão de lugar. Mas não se trata da inquietação de estar no lugar certo ou errado, é o sentimento de tê-lo tomado de um outro que está desesperado. Mais do que uma voz que sussurra: mas afinal, não seria essa a lei oculta do mundo? Apenas os piores sobrevivem, passam por entre gotas de ácido da existência. Sentados, empossados, herdeiros, beneficiários, eles sempre tomam o lugar de um ou de outro. Uma cortina de fumaça é agitada, projetada – mérito, sorte, talento pessoal, trabalho duro! – para fazer as pessoas esquecerem da vergonhosa verdade. Primo Levi revela isso ao se lembrar de Chajim, o pequeno relojoeiro de Cracóvia e o taciturno camponês húngaro Szabó.[13] Todos mortos. Ela é insuportável.

Preso nessa radicalidade dolorosa, na angústia transmitida pela pergunta "Por que eu?", o testemunho do sobrevivente se torna turvo. A verdadeira testemunha, aquela que resistirá à verdade última da violência – ela não retornou. Ela calou definitivamente. Poderíamos objetar que a dignidade e a autenticidade da testemunha é ela ter estado *presente*, ter visto com seus próprios olhos e de poder falar na primeira pessoa. Mas quando se trata da prova da violência extrema, apenas aqueles que passaram pela câmara de gás para depois serem queimados nos fornos, apenas aqueles que morreram de exaustão ou espancados é que poderiam testemunhar o horror.

---

12  Ibid., p. 71.
13  Ibid., p. 72.

Repito, não somos nós, os sobreviventes, as autênticas testemunhas.[14]

Primo Levi aceita falar a partir dessa indignidade: Apresento--me aqui diante de vocês para testemunhar que não saímos vivos daquilo pelo que eu passei. É um paradoxo impossível e dolorido. O hiato, uma vez mais, precipita a vergonha.

Mas por que não falar aqui de culpa?[15] Não seria melhor dizer que o sobrevivente *se sente culpado* por não ter morrido com os outros e vive essa exceção como um *erro*, uma traição? Exceto que, mais uma vez, é uma questão de lugar: o sobrevivente não sente mais que o mundo dos vivos é seu lugar. Ele existe "em excesso", é supranumerário, assombrado pelo "eu deveria ter ficado lá, morrido como os outros". Não estou em meu lugar, não tenho mais lugar, ou melhor: fui desde sempre designado nesses campos que fizeram da morte uma regra monótona, uma produção em massa. A produção de um cadáver para ser queimado.

O sobrevivente sobrevive às perdas – da inocência, da ignorância, da leveza, da confiança. É nessa medida que ele não consegue sentir que escapou definitivamente. Na verdade, ele não deveria estar aqui, convivendo com os outros na banalidade do cotidiano. Ele deveria ter se juntado, há muito tempo, à ordem das trevas. Ele está em liberdade condicional e se sente *deslocado* na existência. O que Imre Kertész, deportado com catorze anos a Auschwitz, chama de "viver a vergonha da vida".[16]

---

**14** Ibid.

**15** O próprio Primo Levi alterna entre os dois termos, o que é criticado injustamente por Giorgio Agamben, "A vergonha, ou Do sujeito", in *O que resta de Auschwitz: o arquivo e a testemunha* (*Homo Sacer III*) [1998], trad. Selvino J. Assmann. São Paulo: Boitempo, 2008.

**16** A frase completa é: "Viver a vergonha da vida e ficar calado: eis a maior conquista". Imre Kertész, *Liquidação*, trad. Paulo Schiller. São Paulo: Companhia das Letras, 2005.

## 136  Futuro do pretérito

No último capítulo de *A trégua*, Primo Levi nos dá a chave do título de seu romance ao evocar um sonho recorrente. Ele está sentado em sua mesa de trabalho, ou mesmo passeando com os amigos, rodeado pelos seus. De repente, uma ameaça surda pesa sobre seus ombros e pouco a pouco tudo ao seu redor se desfaz como um cenário que está desabando. A angústia assoma:

> E de repente eu sei o que tudo isso significa e também sei que sempre soube disso: estou no acampamento novamente. O resto, a família, a natureza em flor, o lar, eram apenas umas breves férias.[17]

Tudo isso, a vida, os amigos, o trabalho, foi um interlúdio, uma bolha um pouco alegre. Primo Levi não tem mais vergonha, enfim, tudo volta ao *normal*, o pesadelo recomeça.

---

**17**  Primo Levi, *A trégua* [1963], trad. Marco Lucchesi. São Paulo: Companhia das Letras, 2010, p. 213.

# Vergonhas interseccionais

Dentre os textos filosóficos sobre a vergonha, um é incontornável: o texto de Sartre em *O ser e o nada* sobre o homem que escutava atrás da porta. Trata-se de uma passagem que pretende explicitar a gênese da consciência de si pelo olhar do outro. A ideia é dizer que a vergonha começa com o sentimento de ser visto, observado, atravessado, paralisado, materializado. Sozinho, de mim para mim, não sinto vergonha, me permito comportamentos grosseiros: desleixado, fungando, me empanturrando vulgarmente. Sem vergonha. O outro será "meu pecado original".[1]

A cena é a seguinte: desço, um andar após o outro, as escadas de meu prédio, mas, diante de certo apartamento, a tentação é forte demais. Paro, coloco meu olho no buraco da fechadura, minha orelha na porta. Por ciúmes, depravação, interesse? Será que ouvi vozes ou sonhei com a sombra de alguém?

---

**1** Jean-Paul Sartre, "Meu pecado original é a existência do outro", in *O ser e o nada – Ensaio de ontologia fenomenológica* [1943], trad. Paulo Perdigão. Petrópolis: Vozes, 2011, p. 338.

## 138    Vergonhas interseccionais

Durante todo esse tempo, de olhos arregalados, não sou nada além do espetáculo que me fascina ali atrás.

"Ora, eis que escuto passos no corredor: alguém me observa". Um rangido no assoalho? Tem alguém! Me sobressalto, meu corpo falha. Constrangimento ansioso, incômodo angustiante, vergonha: mas o que vão pensar de mim?

Pronto, está feito, de repente existe um "eu", precipitado pelo outro. A presença de um outro, mesmo que *suposta*, faz em mim existir o *eu*. Eu, é claro, no olhar dos outros, eu petrificado pelo julgamento deles (mas chamaríamos de "eu" um estado sonhador, as variações de emoção?). Torno-me qualificado, não há mais aquele olho puro que captura uma cena, passei a ser *alguém, alguém...* perverso, ciumento, depravado? Sou carregado pelo discurso da vizinhança, não me pertenço mais. Dirão que, vão falar que *eu...* Eu era uma atenção vazia, tensa, arrebentada contra não sei o quê atrás da porta, e me tornei o *voyeur* do prédio. Tenho vergonha, logo sou.

O texto de Sartre transmite algo essencial. Não se trata nem mesmo de dizer: como nasce a vergonha, mas: como a vergonha nos faz nascer. É claro que há o primeiro nascimento, do qual ninguém pode ser contemporâneo: um pequeno corpo que é arrancado da bolsa uterina, o trauma inicial cujo o único traço tangível permanece conosco na forma de uma data em documentos de identidade e dos relatos emocionados dos genitores. O verdadeiro nascimento acontece depois. "Pecado original", escreveu Sartre, isto é: na objetividade congelada de um dado, a necessidade pálida de uma etiqueta. Eu só tomo consciência "de mim" depois de ser capturado por um outro que me aprisiona em um "eu" estereotipado.

O que Sartre descreve nos termos de uma ontologia fundamental, os estudos interseccionais – ou, ainda, os inúmeros testemunhos em primeira pessoa de mulheres, operários, racializadas – estabelecem uma inflexão dolorosa: uma consciência menos projetada sobre uma superfície de objetividade do que *reduzida* (a estereótipos, a uma pura instrumentalidade etc.), *alienada* em uma inferioridade definitiva, *discriminada* nas margens da insignificância, *estigmatizada* no escândalo de uma diferença que isola (a deficiência física, o álcool etc.). Frantz Fanon em *Pele negra, máscaras brancas*, Simone Weil em seu *Diário de fábrica*, Annie Ernaux em *Uma mulher* ou *O lugar*, todos eles ao mesmo tempo concretizam, aperfeiçoam, complementam Sartre.

Passamos do jovenzinho surpreendido em um prédio haussmanniano enquanto ouvia por trás das portas às humilhações cotidianas, às marginalizações ultrajantes do racializado, do operário e da mulher apoiadas pelas instituições, pelos aparelhos e sistemas.

———

Inclusive, avancei rápido demais quando mostrava na análise sobre o desprezo social que a vergonha não era um efeito mecânico das humilhações, que ela supunha uma retomada interior que podia servir para validar o sistema de opressão. Eu indiquei, sem dúvidas, que o desprezo social convidava insidiosamente à inversão depressiva (o pobre acaba se considerando responsável por sua própria situação social – falta de ambição, preguiça etc.) ou que o agenciamento falocrata trabalhava para transformar a vítima em culpada: a mulher, agredida sexualmente, rebaixada socialmente sem cessar, acaba por considerar que ela mesma provocou ou ao menos permitiu a agressão ou, ainda, que deve se contentar com aquilo que um sistema misógino lhe dá.

Mas eu ignorei a mecânica dos grandes dispositivos vergonhógenos: o ambiente da fábrica onde reina um supervisor sádico, a atmosfera dos escritórios com os seus pequenos chefes, a escola, os mecanismos de seleção, os sistemas coloniais. À força de humilhações, de rebaixamentos, eles produzem, por repetição, insistência, sistematicidade, uma vergonha da qual é difícil se desfazer, já que ela termina por sustentar e estruturar a própria consciência de

## 140 Vergonhas interseccionais

si. Três pilares sustentam esses dispositivos vergonhógenos. Eles serão apenas citados, mas poderíamos dedicar um livro a cada um.

Antes de tudo, o processo de inferiorização, sustentado por um sistema de distribuição de poderes e de riquezas, por instituições públicas como a escola ou a justiça, por vezes até mesmo por uma "ciência" (da desigualdade das raças, dos sexos, das classes) imaginária, mas que sustenta o olhar superior e infantilizador do "dominante". Esse rebaixamento contínuo provoca no outro uma raiva surda e contínua que os romances de Richard Wright retratam com uma intensidade única[2] e um mal-estar impossível de exteriorizar de tão imediata e terrível que seria a sanção. Recebemos as depreciações e as desvalorizações em chuvas contínuas. A acumulação ao longo de um dia de olhares desdenhosos, a continuidade da difamação, todos esses microjulgamentos acabam por formar uma crosta que aprisiona a alma. Para escapar, ela só se recupera dividindo-se entre a palidez cinzenta dessa vergonha e os rompantes de raiva para escapar dela.

Em um belo livro de entrevistas, Pierre Bergounioux mostra que, apesar de suas conhecidas pretensões, a escola republicana (ele passou décadas ensinando literatura francesa em colégios de periferia) é um aparelho que intensifica nos mais frágeis o sentimento de indignidade.

> Quem quer que passe pela sexta série, aos onze anos, sem estar familiarizado com os valores e os costumes da escola, está condenado a ser lembrado todos os dias, várias vezes por dia, de sua insuficiência, de sua mediocridade.[3]

---

**2** Richard Wright, *Filho nativo: tragédia de um negro americano*, trad. Monteiro Lobato. São Paulo: Companhia Editora Nacional, 1941.

**3** Pierre Bergounioux, *École: mission accomplie*. Paris: Les Prairies Ordinaires, 2006, p. 62.

**141**

A passividade se encontra no fim do percurso. Não damos aos dominados qualquer espaço para iniciativas, recusamos os postos de decisão às mulheres. No melhor dos casos: executantes, submissas. As operárias são variáveis, as empregadas são peões que trocamos de lugar, e não tardam a virar rejeitos dos quais nos livramos, pedaços de nada que ignoramos.

Marx explica em *O capital* como o capitalismo industrial produz um devir-mercadoria generalizado a partir de uma matriz inicial: minha força de trabalho não é mais uma fonte criadora de valores, mas um produto cambiável que eu vendo a quem pagar mais. A partir de então, tudo se torna mercadorizável, monetizável. O capitalismo financeiro vai ainda mais longe ao promover o devir-rejeito: sequer precisamos continuar a explorar os trabalhadores para lucrar, basta demiti-los para que a produção do grupo aumente de forma automática. Penso nos operários de Daewoo no relato de François Bon, nesses destinos cinicamente forjados de retalhos, detritos e refugos para agradar os acionistas.[4] Temos vergonha de sermos tratados como objetos úteis, mercadoria explorável; e depois como lixo, detrito, destroços enviados ao ferro-velho; e, finalmente, como nada. O encarregado de certo setor entra na sala em que em breve acontecerá uma reunião, mas que ainda está sendo preparada por uma faxineira, uma "técnica de superfícies". Ele murmura: "Ora, ora, *não há ninguém aqui...*". Como lição simples, maciça, de sua experiência proletária (operadora de prensa na Alstom, fresadora na Renault), Simone Weil retém o seguinte:

> *A humanidade se divide em duas categorias, as pessoas que valem alguma coisa e as pessoas que não valem nada.* Quando pertencemos

---

**4** François Bon, *Daewoo*. Paris: Fayard, 2004.

## 142  Vergonhas interseccionais

à segunda, chegamos a achar natural não valer nada – o que não quer dizer, é claro, que não sofremos.[5]

O segundo mecanismo é a redução a estereótipos. Não se trata exatamente de inferiorizar, mas de congelar os outros em fórmulas feitas, inafastáveis. O que chamamos, em ciências sociais, de "essencialismo" ou "naturalismo", é a reatribuição perpétua de estereótipos. Como lembra James Baldwin:

> Eu tinha vergonha da vida na igreja, vergonha de meu pai, do blues, do jazz, e, claro, vergonha de melancias. Tudo isso eram estereótipos que este país inflige aos negros: que todos comemos melancia, que passamos nosso tempo fazendo nada e cantando blues, e tudo mais.[6]

Essa redução vai ao encontro da boa consciência do antirracista que garante ser fã de jazz quando encontra um afro-americano ou que elogia o zen-budismo na presença de asiáticos. O racializado, antes mesmo de dizer o que quer que seja, é aprisionado em gostos que lhe atribuímos, acorrentado às formas de vida que imaginamos para ele. E ainda é esperado que ele agradeça o apoiador tolerante, afeito ao exotismo, amante de culturas diferentes, como se a superação do racismo pudesse ser alcançada pela simples inversão do valor dos estereótipos. Mas é o próprio estereótipo que humilha, que limitam autoritariamente os possíveis. A mulher só pode amar os filhos e a casa, o operário não pode ter ambição e deve ser irresponsável. Em seu estudo sobre as fábricas Cockerill,[7] Cédric Lomba mostra como

---

**5**  Simone Weil, "Journal d'usine", in *La Condition ouvrière*. Paris: La République des Lettres, 2019, p. 133.

**6**  James Baldwin, entrevista de rádio com Studs Terkel, 1961.

**7**  Cédric Lomba, *La Restructuration permanente de la condition ouvrière*. Paris: Éd. du Croquant, 2018.

os diretores da empresa têm uma visão limitada, estereotipada, dos operários: antimodernos ("eles não querem mudar"), preguiçosos ("fazem pausas no trabalho e ficam sem fazer nada") etc. A função do estereótipo é sobretudo nos proteger do conhecimento do outro. Preferimos nos esconder por trás de esquemas típicos que permitem que ocultemos de nós mesmos nossa monstruosidade. Se eles não fazem nada, então não os exploramos; se são seres inferiores, não os rebaixamos.

Último mecanismo: a estigmatização. Aqui já não falamos da superimposição de um estereótipo tirado diretamente do imaginário neurótico dos dominantes, mas da simples apreensão um pouco mais enfática de uma diferença, de uma distância, que vale imediatamente de pretexto para difamar e excluir aquela que é assim percebida. Basta pouco: um olhar torto que julga a qualidade de um casaco, um sorriso de escárnio à escuta de um sinal de sotaque, um hiato na forma de se dirigir ao outro. Tudo isso *desloca*, faz o outro sentir que foi *descoberto* mesmo que não se escondesse. Se o outro exagera na simpatia (não, não sou racista, adoro os pobres etc.) ou exprime francamente seu desprezo, o resultado é o mesmo: sinto que *destoo*. "Destoar" é sentir-se ao mesmo tempo visto e deslocado. Visto no sentido de uma visibilidade gritante. Deslocado no sentido de não estar em seu lugar. No cruzamento dos dois, precipita-se a vergonha.

A estigmatização não precisa de um aparelho de humilhação pesado para funcionar. Basta apenas, por exemplo, a pergunta encharcada de uma gentileza atroz: "E você, vem de onde?". Nesse aspecto, devemos reler os relatos convergentes de três mulheres: Christiane Taubira,[8] Isabelle Boni-Claverie,[9] Tania de Mon-

---

**8** Prefácio de Christiane Taubira a J. Baldwin, *La Prochaine fois, le feu*. Paris: Gallimard, 2018, p. 13.

**9** Isabelle Boni-Claverie, *Trop noire pour être française*. Paris: Tallandier, 2017.

## 144    Vergonhas interseccionais

taigne.[10] "Você vem de onde?" – para aquele que pergunta, isso significa: veja, não sou racista, tenho até um imenso interesse pelas raízes exóticas de meu próximo, uma abertura desmedida de espírito. Em seguida vem a resposta: do Val-d'Oise ou de Auvergne... E a réplica, sem falta: "Ah, sim, é claro, mas me refiro a *antes*...". Antes do quê, exatamente? É esse tipo de réplica que deslocaliza, marginaliza: fazemos o outro sentir que não tem outro lugar aqui senão aquele que, com minha generosidade, eu lhe concedo. Dirão que eu exagero, ou então que tudo não passa de mal-entendidos, de resquícios de automatismos atávicos que prometem desaparecer em nossa época sem castas, aberta à diversidade e tão mais "tolerante" – o que há de atroz na tolerância é essa aceitação com reservas, esse sim que diz não; o verdadeiro contrário da tolerância é o amor...

Devemos nos lembrar aqui da tese que Marx defende em *Sobre a questão judaica*: não é porque um Estado deixa de reconhecer oficialmente as religiões que as crenças acabaram. O fim das religiões de Estado significa antes a entrada na era das religiosidades: crenças diluídas, dogmas nebulos, fés associativas, mas sempre os submundos, as transcendências habitadas e as possibilidades de influência. Apenas uma "transformação social", escreve ele, poderia marcar o fim das religiões. Da mesma forma (*mutatis mutandis*, é claro), a abolição da escravidão, o fim dos impérios coloniais, a revogação das leis racistas jamais significaram o fim do racismo ou seu lento desaparecimento programado, mas apenas sua passagem a um estado gasoso. Passamos das humilhações públicas legais, cruéis, pontuais e espetaculares para o reino indefinido e sorrateiro das vergonhas difusas, provocadas pela contração dos lábios, pelo franzir das sobrancelhas, pelas mudanças abruptas

---

**10**  Tania de Montaigne, *L'Assignation. Les Noirs n'existent pas*. Paris: Grasset, 2014.

de tom de acordo com o interlocutor – e, mais seriamente ainda, pela hipocrisia dos aparatos de seleção e avaliação.

——

Os três enunciados mais importantes ("Você não vale nada", "Você é um estereótipo", "Você não está em seu lugar") definem o volume de uma vergonha como afeto contínuo e irredutível, em seu regime de existência, tanto ao desamparo provocado pela ferida de um olhar (experiência pontual de um constrangimento cruel, público, durante o qual *gostaríamos de desaparecer*) como ao autoafeto ético (*aidós*) que não é mais que uma obsessão controlada, provocada, uma prevenção da vergonha. A vergonha interseccional é um estado de consciência, uma condição de existência, uma maneira de cruzar a distância *de si para si*, pois a alienação penetra efetivamente mais do que os modos de vida (consumo etc.) ou a relação com os outros (socialização etc.). Ela me leva a só conseguir me relacionar comigo mesmo na claridade lívida da vergonha: eu me sinto sempre inútil, necessariamente um estereótipo, nunca em meu lugar.

A genialidade dos textos de Fanon, Baldwin, e mesmo daqueles mais distantes, como W. E. B. Du Bois, foi descrever a lógica racista em um nível constituinte, o da consciência de si. Descubro-me negro, escreve Fanon, sob o olhar dos brancos ("A experiência vivida do negro").[11] Antes, eu era apenas uma mulher, um homem ávido por encontros e pela vida. Mas percebo de repente que este corpo, que me insere na existência, me faz presente para os outros, mantém-me aberto para o mundo, representa um *problema* para alguns – justamente esses outros que me dominam socialmente, que detêm poderes e privilégios. O branco não me percebe nessa oscilação

——

**11** Frantz Fanon, "A experiência vivida do negro", in *Pele negra, máscaras brancas*, trad. Sebastião Nascimento e Raquel Camargo. São Paulo: Ubu Editora, 2020.

## 146    Vergonhas interseccionais

banal: por benevolência ou neutralidade. Ele me enxerga, mesmo que brevemente, como causador do problema ("ser um problema é uma experiência estranha"),[12] e, assim, arranca minha inocência, a transparência inicial da minha relação comigo mesmo, me faz prisioneiro de seu delírio de branco.

Contudo, alerta Baldwin, se o negro é uma invenção do branco, o branco não é uma invenção do negro, uma atribuição reversa. Não há reversibilidade ou reciprocidade, pois "o branco é uma metáfora do poder, apenas uma maneira de descrever o Chase Manhattan Bank".[13]

Essa nuvem da qual fala Baldwin, "que se interpunha entre eles [seus irmãos de cor] e o sol, entre eles e o amor, a vida e o poder, entre eles e o que for que ambicionassem da vida",[14] esse obstáculo, essa barreira é meu próprio eu produzido pelo delírio de um outro. Descobri-me negra, morena (ou seja, ao mesmo tempo diferente e subalterna) em uma "imaginação branca" (mas também masculina, burguesa) que ocupou a minha alma do mesmo modo como falamos de um exército de ocupação. A vergonha é não ter mais consciência de si para além desse limite de si mesmo (em seus sonhos, suas capacidades) imposto por um outro. Os obstáculos erigidos contra minha dignidade, as fronteiras erguidas contra os meus sonhos, as barreiras opostas às minhas capacidades se tornam, em meu íntimo, essa característica dura, cortante, densa que me detém e, por fim, me define. No fim das contas, sou impedido apenas por mim mesmo, esse mim-mesmo que é o corte, a farpa dolorosa do outro.

---

**12**  W. E. B. Du Bois, *As almas do povo negro* [1903], trad. Alexandre Boide. São Paulo: Veneta, 2021, p. 21.

**13**  J. Baldwin, *Eu não sou seu negro*, textos reunidos por Raoul Peck e Robert Laffont/Velvet Film, 2017.

**14**  Id., *Da próxima vez, o fogo* [1963], trad. Christiano Monteiro Oiticica. Rio de Janeiro: Biblioteca Universal Popular, 1967, p. 34.

A vergonha. A vergonha e o desprezo por mim mesmo. A náusea. Quando me amam, dizem que é a despeito da minha cor. [...] Por um lado ou por outro, sou prisioneiro do círculo vicioso.[15]

---

**15** F. Fanon, *Pele negra, máscaras brancas*, op. cit., pp. 131-32.

# Vergonhas sistêmicas

Terceira e última imagem no capítulo de Primo Levi: "a vergonha de ser um homem",[1] ou ainda: "vergonha do mundo".

E há uma outra vergonha mais ampla, a vergonha do mundo.[2]

Afinal, este mundo como ele é, ou melhor, vagueia, é meu mundo; estou completamente preso a ele, impossível pretender uma neutralidade que me isolaria, me separaria até o ponto da insensibilidade. Retomo fragmentariamente o poema de John Donne (1624):

Nenhum homem é uma ilha
Todo homem é um fragmento do continente
A morte de cada homem me diminui [...]

---

**1**  Primo Levi, "Tradurre Kafka", in *Racconti e saggi*. Torino: La Stampa, 1986.

**2**  Id., *Os afogados e os sobreviventes: os delitos, os castigos, as penas, as impunidades* [1986], trad. Luiz Sérgio Henriques. Rio de Janeiro: Paz e Terra, 2016, p. 74.

> Não pergunte por quem os sinos dobram;
> eles dobram por ti.

Princípio de solidariedade. Não que eu deva me sentir culpado pelas injustiças do mundo, mas, afinal, elas *não* podem *não* me atingir, me tocar, me sujar. A marca da vergonha do mundo é a dupla negação: não posso não. É ela que introduz essa dobra dolorosa, esse amargor. Ter vergonha do mundo não é assumir-se positivamente culpado, ser cúmplice, e imediatamente demonstrar uma energia, uma vontade feroz de transformá-lo. É apenas não poder não se sentir solidário com o estado das coisas.

"Vergonha de ser um homem", escreveu Primo Levi também para caracterizar o que sentiu ao sair dos campos da morte, frase retomada por Deleuze, que acrescentou: "Não há melhor motivo para escrever".[3] Pensamos, criamos, escrevemos, filosofamos por excelência a partir dessa vergonha. Mais de vinte séculos depois de Platão, Deleuze reconduz a vergonha ao centro do pensamento filosófico. "Vergonha de ser um homem", o que isso pode significar? Primeiramente, sem dúvida, a vergonha de pertencer a essa espécie animal da qual o saldo, mais de cem séculos após a revolução neolítica, é triste, de chorar, terrivelmente amargo. Transformarão esta morada comum em uma enorme lixeira. Tudo devastado, pilhado, estragado. É incômoda, aliás, essa capacidade sem limites de produzir desastres, sofrimentos. O único consolo consistiria, ao final, em dizer a si mesmo, como Lévi-Strauss em *Tristes trópicos,* que o mundo "se concluirá sem ele".[4] A humanidade é um péssimo momento para estar no mundo.

---

**3**  Pierre-André Boutang, *Abécédaire de Gilles Deleuze*. Paris: Éd. Montparnasse, 2004 (entrada "Résistance").

**4**  Claude Lévi-Strauss, *Tristes trópicos* [1955], trad. Rosa Freire D'Aguiar. São Paulo: Companhia das Letras, 1996, p. 442.

## 150 Vergonhas sistêmicas

Primeira camada de sentido, então: faço parte da mesma espécie dos carrascos, dos perseguidores, dos criminosos. Eles são, no fim das contas, meus "semelhantes" e não há do que se orgulhar de minha família humana.

E assim, no fim das contas, experimentamos o sentimento de certa corresponsabilidade humana, pois Auschwitz foi obra de homens e nós somos homens: ele é fruto de uma civilização à qual nós pertencemos.[5]

Quando Deleuze segue afirmando: essa vergonha me faz escrever, me faz pensar, ela é motivo de criação, perguntamo-nos, entretanto, o que ela poderia conter de luminosidade. "A humanidade" aqui, é preciso começar a entendê-la no sentido mais basal, e no mais básico também: esse concentrado de frouxidão, covardia, egoísmo, vilania, avareza, traição... Penso nos personagens de Céline, penso no mestre Derville ao final de *O coronel Charbet*, de Balzac, herói das guerras napoleônicas falsamente declarado como morto, espoliado, esquecido, arruinado, desprezado por aquela que lhe deve sua fortuna. O leal Derville tenta defendê-lo, fracassa e diz sentir "o desgosto pela humanidade". Ele acaba por se retirar do mundo, *para longe dos homens*. A humanidade, *no fundo*, é um condensado de baixeza e ignomínia, todas essas paixões terríveis que mestre Derville, no segredo de seu escritório, viu se desencadearem quando se tratava da repartição de heranças. Ali, sim, as máscaras caem, as declarações generosas desaparecem e o respeito, a fraternidade e o amor se apagam como fósforos molhados.

A vergonha é um tipo de resistência diante dessa humanidade presa à sua "base", um desprendimento enojado, um movimento

---

**5** P. Levi, "Les mots, le souvenir, l'espoir", in Marco Belpoliti (org.), *Conversazioni e interviste 1963-1987*. Torino: Einaudi, 1997.

de recuo. Fugir da humanidade como caricatura, como o "sempre o mesmo" abjeto e vil, como essa algema de torpeza, esse jugo de mesquinharia sob o qual a todo momento corremos o risco de nos vergar, já que é ele o ponto de gravidade. Daí o desejo de se deixar levar por outros devires – a que Deleuze chama de "animais", para dizer simplesmente: diferentes, outros, irredutíveis.

A arte reage a essa vergonha por ser um chamamento a algo maior, uma experiência de dilatação, um emaranhado de linhas que conduzem para além. "Fazer sonhar", escreve Flaubert, é "o que há de mais elevado na arte".[6] A filosofia também participa desse esforço de excentricidade, de descentralização, de expansão dos limites. Sua função, como dizemos, é de envergonhar a besteira, resistir à imbecilidade – e com isso queremos dizer o pensamento fácil, estreito, decorado, mecânico, as certezas rasas, as convicções mundanas, e de maneira alguma o pensamento sem instrução, não acadêmico ou sem referências bibliográficas. Todo grande conceito filosófico é uma dilatação da experiência. Não alcançamos, então, a essência da humanidade; nos abrimos a outras vivências, a possibilidades diferentes de vida: pensar como um polvo, perceber como um carrapato, sentir como um jaguar.

A arte e a filosofia nos ensinam a vergonha de si, mas não como tristeza culpada, não como aflição desolada: como chamado para içar velas.

—

A vergonha de pertencer à humanidade se localiza, se particulariza, na relação que cada um pode manter com a história de seu povo, de sua nação, até mesmo de sua família. Ela aparece como um marcador doloroso de afeição. Faço parte de uma comunidade

---

**6** Gustave Flaubert, carta a Louise Colet, 26 ago. 1853.

## 152    Vergonhas sistêmicas

nacional que alimenta minha identidade, nasci em um país que aprendi a amar, e eis que, com seus comportamentos cínicos e corrompidos, os dirigentes políticos tomam decisões injustas que me envergonham, engajam o Estado em guerras impossíveis, o comprometem em repressões atrozes. George Sand, após os terríveis dias de junho de 1848 (4 mil mortos entre os insurgentes revoltados contra a supressão das Oficinas Nacionais pela Comissão Executiva), escreve:

> Que dias de lágrimas e indignação! Hoje tenho vergonha de ser francesa, eu que há pouco era tão feliz de sê-lo.[7]

Um século mais tarde, uma outra mulher, perturbada pela descoberta das políticas coloniais francesas, declara:

> Eu nunca vou esquecer o momento em que, pela primeira vez, senti e entendi a tragédia da colonização. [...] Desde aquele dia, não consigo encontrar um indochinês, um argelino ou um marroquino, sem ter vontade de pedir perdão. Perdão por todas as dores e todas as humilhações que fizemos o povo deles sofrer. Porque o opressor deles é o Estado francês e ele o faz em nome de todos os franceses, logo também, em uma pequena parte, em meu nome. É por isso que, na presença daqueles que o Estado francês oprime, não posso deixar de ruborizar, não posso não sentir que tenho erros a consertar.[8]

Vergonha patriótica, cheia de raiva contra os responsáveis políticos indignos, os comandantes militares incompetentes que conduzem

---

7   George Sand, carta a sra. Marliani, jul. 1848.

8   Simone Weil, "Quem é culpado pelas iniciativas antifrancesas?" [1938], in *Contra o colonialismo*, trad. Carolina Selvatici. Rio de Janeiro: Bazar do Tempo, 2019, pp. 54-55.

**153**

o país ao desastre, vergonha que dá testemunho de uma indignação, de uma raiva diante da injustiça, mas também de uma decepção amorosa, de um orgulho ferido. Carlo Ginzburg declara: "Para nós, nosso país é aquele do qual podemos ter vergonha".[9]

A vergonha patriótica exprime sobretudo a raiva dos governados diante de seus "representantes". Uma última forma de vergonha, mais específica ainda, dá testemunho de uma relação dolorosa de solidariedade com a história segundo sua própria linhagem, sua filiação. John Maxwell Coetzee, filho de uma família de colonos africanos, que com oito anos de idade viu a aplicação das medidas de segregação do *apartheid*, se pergunta: mas de qual dinastia de perseguidores eu venho, quantas gerações de opressores levaram a mim? Não é um pertencimento geral à raça humana que está em causa aqui, ou mesmo a uma comunidade nacional específica, mas uma solidariedade objetiva que me liga, pelo patrimônio e pelo sangue, à casta dos tiranos, à elite dos dominantes. Até *Desonra*, os romances de Coetzee colocam em cena a vergonha do herdeiro opressor, logo de saída falsa, turva, que entrava minha relação com o outro: aos homens e às mulheres racializados aos quais, mesmo para dizer bom dia, não consigo evitar pedidos subentendidos de desculpas – até o ponto em que isso se torna incômodo e quase humilhante, como uma forma de relegar ao outro as suas origens (às vezes a vergonha, por seus efeitos, é quase pior que o desprezo); aos meus amigos, à minha família, àqueles que dedico um amor enviesado por uma detestação subterrânea por aquilo que são e representam.

Essa vergonha *sistêmica* é indiferente aos percursos pessoais de cada um, às suas escolhas de existência, aos seus valores que declaram. É a vergonha do herdeiro, do "dominante objetivo". Ela

---

**9** Claire Zalc, "Carlo Ginzburg: 'Il y a toujours en histoire cette possibilité de l'inattendu'". *Libération*, 9 out. 2019.

## 154    Vergonhas sistêmicas

incomoda, irrita quando confrontamos seu fantasma, quando evocamos sua possibilidade. Basta ver o quanto os espíritos se atiçam quando levantamos a questão do racismo sistêmico, do machismo sistêmico, do desprezo social sistêmico: reações violentas – sobretudo de uma população mais reativa, mais suscetível: os filhos mimados da época do Baby Boom.

A reação deles: mas o que é isso, então eu deveria ter vergonha? E cada uma, cada um, oporá suas convicções generosas, seu apreço aos direitos do homem, aos valores universais, sua recusa à opressão sob todas as formas, seu republicanismo visceral. E gritará que nos enganamos, que o inimigo é outro. "Mas vergonha de quê? Sempre respeitei meu próximo, demonstrei minha revolta contra as discriminações, almejei a justiça social com todo meu fôlego, defendi as mulheres, combati o racismo. E o privilegiado sou eu? Olhem meu salário depois de anos de estudos, vocês sabem quanto ganham os grandes patrões?"

Por trás desse incômodo ruidoso, prodigioso, sentimos o desprazer, o medo. O medo de dizer a nós mesmos: mas se eu devo ter vergonha, é porque algo não vai bem, e seria preciso se mexer, gritar. E isso toma tempo, energia, além do mais, o sistema atual sempre me serviu bem... O desprazer é ter que se desfazer dessa boa consciência que nos coloca um sorriso nos lábios pela manhã, pois podemos alinhar nossas conquistas, vivemos em um apartamento grande o bastante para poder receber amigos e conversar com eles sobre o escândalo dos imigrantes. A única concessão que fazem à história é reconhecer, com a voz grave, que tiveram muita sorte e que têm consciência de que são privilegiados. Mas que não esqueçamos, no entanto, seus méritos! "Eu tive sorte". Talvez, mas você teve sorte à custa de outros. "Vocês não têm ideia do quanto eu trabalhei, e digo mais, com o esforço destes braços!" Salvo que hoje, sem patrimônio nem relações, os esforços mais colossais são estéreis – o único mérito de muitos é ter nascido nos "anos dourados".

*Mérito e sorte? Até que ponto, entretanto, tudo o que eu tenho não foi tirado de outra pessoa?* Burguês, branco, diplomado, com boa saúde, carteira assinada, com casa própria, renda suficiente, com comida entregue na porta de casa (uma gorjeta para o entregador, "afinal de contas, é normal"), atencioso com a faxineira. Esse daí não tem vergonha, ele não quer ter vergonha, ele recusa qualquer arranhão em sua boa consciência. Golpe de misericórdia mesmo, hipocrisia última, ele se justifica: Mas eu teria vergonha de ter vergonha, isso seria obsceno, a verdadeira vergonha a ser combatida é a dos pobres, dos racializados, das mulheres... Só que se trata também disto: interrogarmo-nos sobre nosso papel na vergonha que eles sofreram. Vejo surgirem objeções, inversões: Mas espere aí, temos justamente vergonha demais, chega desse vitimismo que não conduz a nada, chega dessa tristeza estéril, tenhamos uma relação "descomplexada" com nosso patrimônio e automatismos culturais.

Aqui e ali, no entanto, trata-se de um terrível desprezo. Com efeito, é impossível ter "vergonha demais". É possível que alguns proclamem em alto e bom som que se sentem culpados. Podemos histerizar a culpa, encontrar nela uma forma de solenizar sua postura, mas não a vergonha. Não, eles definitivamente não têm, não querem ter vergonha; de outra forma, eles teriam uma raiva muda, não falariam dos deserdados, dos imigrantes, dos vulneráveis com tanta graça retórica e conforto.

A vergonha de ter direitos de nascença é o preço a pagar, a taxa sindical a ser recolhida quando herdamos uma história marcada pela escravidão, por genocídios, impérios coloniais, discriminações contra as mulheres, exploração dos mais fracos. O preço pago pelos mais fracos, os dominados, é muito mais exorbitante. E acusam os spinozistas ou nietzschianos de ocasião: só falam de tristeza, de ressentimento! As palavras de Primo Levi devem ser ouvidas novamente. A vergonha do mundo tem uma função, como ele nos

## 156 Vergonhas sistêmicas

lembra, precisa, limitada mas decisiva: ela nos imuniza.[10] Ela previne um pouco contra a repetição do horror, o retorno das lógicas do ódio. O que não impede o autor de *Os náufragos* de fazer a pergunta: até quando, porém, aguentarão os anticorpos?

———

Aqueles que se recusam a ouvir falar dessa vergonha são os mesmos que trovejam contra as cotas enquanto agitam a bandeira do universalismo assexuado, esterilizado com água sanitária, nos debates parlamentares. Esse lugar, esse posto, esse estatuto me foram proibidos porque eu era uma mulher, racializada, socialmente desvalorizada. Hoje minhas posições são contestadas, me criticam argumentando que é apenas devido à minha origem social, à cor de minha pele, ao meu sexo que eu os obtive!? Eles terão de fato ganhado todas as batalhas. Salvo a da inteligência, rebate cruelmente Baldwin.

A vergonha, desta vez como sofrimento interseccional, a vergonha "do outro lado", obriga a compreender e a demonstrar os mecanismos da injustiça, desmascarar as hipocrisias, antecipar golpes baixos e a planejar. Você nunca precisou me olhar, escreve Baldwin. Eu, eu fui obrigado a te conhecer para evitar os golpes baixos, entender e mensurar um pouco meu sofrimento. Eu sei mais sobre você do que você sabe sobre mim. As dominadas são obrigadas a duvidar, reconsiderar, interrogar. Mas não, decididamente, o que quer que tentemos fazê-las pensar, o fracasso é responsabilidade única delas mesmas. O que Baldwin diz dos brancos diante dos negros estadunidenses, dos homens diante das mulheres, dos exploradores diante dos explorados, é: eles não param de mentir a si mesmos, de não ver a realidade, de se iludir sobre seus méritos.

———

**10** A vergonha é um "tipo de defesa imunológica", P. Levi, *Os náufragos e os sobreviventes*, op. cit., p. 75.

Os eternos vencedores se esbaldam com os mitos heroicos sobre suas famílias, seus países, para evitar a tomada de conhecimento de sua própria monstruosidade. Eles estão tão empanturrados, saturados de mentiras que se tornam "inocentes" no sentido de serem sinceramente, ingenuamente, criminosos. Não enxergam nada do sofrimento que causam. Veem suas convicções sobre suas conquistas bem asseguradas, confortadas, em suas carreiras, casamentos, patrimônios, reconhecimento social.

> Eles destruíram e continuam destruindo centenas de milhares de vidas, e não tomam conhecimento disso e nem pretendem tomar [...]. Porém não é permissível que os autores da devastação devam também ser inocentes. É a inocência que constitui o crime.[11]

O contrário da inocência não é a culpa, é a lucidez – no fundo, já era essa a lição do Gênesis. E aquele que tem vergonha é lúcido, ele vê como as injustiças, as iniquidades, são sustentadas pela lei, pela justiça e pela Igreja.

———

Até que ponto poderíamos dizer que a vergonha, essa consciência inquieta, rastreadora de sinais, se confunde com a inteligência? Em seu *Memórias do subsolo*,[12] Dostoiévski traça o perfil de um quarentão depressivo corroído por uma doença no fígado que se recusa a se curar para que possa continuar gozando plenamente de sua decadência. Esse antigo funcionário dedica uma energia louca para

———

**11** James Baldwin, *Da próxima vez, o fogo* [1963], trad. Christiano Monteiro Oiticica. Rio de Janeiro: Biblioteca Universal Popular, 1967, pp. 22-23.

**12** Fiodor Dostoiévski, *Memórias do subsolo* [1864], trad. Boris Schnaiderman. São Paulo: Editora 34, 2000.

**158 Vergonhas sistêmicas**

provocar situações que o rebaixam, o expõem ao ridículo. É como se ele mesmo procurasse pela humilhação para extrair dela esses prazeres deliciosos.

Poderíamos nos contentar com o diagnóstico psicopatológico e considerá-lo um masoquista moral. Mas Dostoiévski não traçou o perfil de um perverso. Em suas *Memórias*, ele demonstra a condição da vergonha, sua possibilidade mais geral: a consciência. Já falamos da consciência como instância moral (superego) para caracterizar a vergonha narcísica. Mas aqui se trata de outra coisa, ainda mais elementar: a consciência como deslocamento, hiato. Pois a consciência desloca, ela temporiza, ela quebra a automação da resposta instintiva, desfaz as sucessões contínuas. "E agora, o que fazer?", "refletir", "levar seu tempo", "questionar-se". Esse intervalo, esse vazio, essa suspensão, esse rastro de sombras, é a consciência.

O anti-herói das *Memórias* é fascinado pelo que chama de "homens de ação", esses heróis do imediatismo, da coincidência. Quando bebem, quando lutam entre si, é como se dormissem: fazem tudo com tranquilidade, sem pensar. São seus próprios personagens: o amigo fiel, o soldado valoroso, o festeiro encantador etc. São os desavergonhados da existência. Em tudo o que fazem, colocam uma completude sem inquietude, uma boa consciência, satisfeita. São o que Baldwin chama de "inocentes".

O narrador das *Memórias* é um doente da consciência. Essa ferida que ela representa, essa negatividade que ela produz toma conta de tudo. Nela, o real se vê duplicado, perpetuamente hesitante. A consciência obriga à repetição contínua: misturando, revirando as cinzas do passado (e eu deveria ter feito isto ou dito aquilo etc.), mergulhando sua presa no ressentimento. Ela destrói o mito da realidade: diante do amigo que abraça ou se diverte, do superior que reclama, da esposa que se penteia, pergunto-me: que papéis eles desempenham, como conseguem permanecer sem serem fragmentados por sua própria vaidade? Tudo se revela um baile de máscaras. A consciência faz explodir as antinomias morais convencionais. Ela produz uma vibração que cria uma fissura entre as oposições marcadas, as identidades fixas. E por que mais do que em todos esses seres que "funcionam" não seria por exemplo no bêbado, na prostituta ou no fracassado que encontraríamos exemplos bem-sucedidos de humanidade?

A boa consciência não é consciência, é uma estagnação que satisfaz. Toda consciência exala essa negatividade que cria uma fissura no real, esse ácido que decompõe as máscaras. Nela a vergonha encontra um depósito de lucidez, imensa e desesperada.

# A vergonha revolucionária

Penso na célebre passagem da peça de Rostand, na resposta de Cyrano ao jovem pretensioso que tenta humilhá-lo ao falar sobre seu nariz enorme, disforme – em geral, as pessoas evitam esse tipo de comentário, pois temem que a menção a essa "deficiência" lhe provoque um terrível ataque de raiva. Um boçal chega e, insolente, diz: "Meu caro, o senhor tem um nariz, um nariz..."; ele reflete um pouco e conclui, lamentavelmente: "muito grande". Então Cyrano perde a paciência, se revolta ("Senhor, até que é curto"), e rejeita publicamente, poeticamente, barrocamente, todas as zombarias maldosas que poderiam ser inspiradas por sua protuberância... Uma tirada mágica. O caso permanece sem dúvida ambíguo, pois Cyrano sofre com essa particularidade tão visível e que lhe impõe, segundo acredita, uma máscara de feiura. Mas nessa revanche poética ("Eu diria que é um cabo? Não, uma península..."), Cyrano deixa entrever um primeiro sinal de revés.

Nossa época é marcada por um imperativo de revés da vergonha que pode ser observado nos slogans citados na introdução, como: "A vergonha deve mudar de lado", ou, ainda, "Não tenham vergonha do que vocês são". A ideia de revés nos remete a diferentes estratégias, que podemos recusar segundo quatro lógicas: inversão, projeção, subversão, purificação.

A inversão, da qual Cyrano nos deu um primeiro exemplo, consiste no que poderíamos chamar, retomando o programa nietzschiano, de "uma transvaloração dos valores". Com efeito, trata-se de se orgulhar do que, no íntimo, poderia ser secretamente vergonhoso, trata-se de reivindicar publicamente, com ousadia, furiosamente, o que até então era alvo de dissimulação vergonhosa, ou simplesmente de um sentimento de inferioridade, de minoração etc. O exemplo mais adequadamente forte seria o da parada LGBTQIA+ (ou "parada dos orgulhos"), que consiste justamente em uma celebração alegre de uma sexualidade outrora tida como "desviante" e que hoje é exibida com orgulho, impertinência, exultação. Afirma-se a diferença sexual ao mesmo tempo em que se afirma uma relação com um *ethos*, um modo de vida, uma construção identitária, a alegria de compor comunidade. Se observamos o caso dos estigmas físicos, vemos surgir reivindicações ligadas ao sobrepeso e a obesidade que, em um mundo que supervaloriza a magreza e a leveza, fazem uso da mesma dialética: assumir seu corpo, não mais escondê-lo, fazer dele uma diferença positiva e mesmo um caldeirão identitário, cultural, até pesquisas acadêmicas, como vemos no avanço dos *fat studies*.

E, como falávamos há pouco de estigmatizações dolorosas relacionadas à cor da pele, podemos dizer que a invenção, a divulgação, de Aimé Césaire e Léopold Senghor do conceito de negritude corresponde também, de certa forma, a esse projeto de inversão: reivindicar um patrimônio cultural, enraizar-se em uma identidade exuberante, reclamar seu pertencimento a uma comunidade de valores. Os maiores poetas, em compêndios com títulos eloquentes (*Hóstias negras*,[1] *Mineral negro*),[2] celebrarão o preto como a

---

1  Léopold Sédar Senghor, *Hosties noires*. Paris: Seuil, 1956.
2  René Depestre, *Minerai noir*. Paris: Seuil, 2019.

## 162 A vergonha revolucionária

perfeição, a plenitude da cor, o brilho indefectível, a profundeza assustadora. A inversão é uma figura elementar, mas que extrai sua eficácia dessa transformação simples e clara: não somente assumir para si, mas cultivar publicamente sua diferença. Os julgamentos negativos e as estigmatizações se dissolvem, fragmentados, pulverizados, através de uma conversão interior sustentada por uma exibição pública e comungante: o orgulho de ser você mesmo se compartilha.

A segunda forma de revés pode ser entendida como uma "projeção", ou, mais precisamente, como um retorno ao remetente. É a frase que já mencionamos: "Que a vergonha mude de lado!", sempre brandida no momento de constranger os estupradores, os incestuosos, os agressores – todos aqueles que encontravam na vergonha das vítimas o princípio de sua impunidade. Como já mencionamos, Ferenczi expôs o mecanismo de uma transferência inicial:[3] os abusadores sexuais descarregam o peso da vergonha de seu ato sobre uma vítima incapaz de lidar com ela, de neutralizá-la, uma vítima que, em seu estado de sideração, se torna suscetível aos afetos do agressor, que tomará como seus. Então podemos de fato falar de um retorno ao remetente, mas ao mesmo tempo essa transferência é uma transmutação. Essa vergonha que muda de lado muda também de natureza: ela não é mais a angústia de algo inominável que me atinge, ela é a proclamação pública da infâmia do agressor.

Terceira forma de revés, a subversão. Quando falamos do desprezo social, já evocamos as figuras cínicas, os franciscanos, Gandhi. À sua maneira, cada um ocupa um lugar designado pelo desprezo social, mas tomando-o como estandarte, como alavanca

---

**3** Sándor Ferenczi, "Confusão de línguas entre os adultos e a criança: a linguagem da ternura e da paixão" [1933]. *Revista de Psicanálise da SPPA*, v. 13, n. 1, 2020, pp. 13-24.

crítica: nos meios de transportes, Gandhi sempre ocupava a última classe, vestido com uma manta costurada a mão; os cínicos tinham como única riqueza um manto que lhes servia de cobertor e teto, uma vareta para caminhar e uma bolsa de couro; os franciscanos faziam voto de pobreza etc. Mas estaríamos errados se entendêssemos essa austeridade apenas como um exemplo do desprezo clássico pelas riquezas materiais. Mais uma vez, com os cínicos, os franciscanos e Gandhi, estamos longe de uma simples condenação dos bens materiais em prol das riquezas interiores. Trata-se mais de ocupar a pobreza como um lugar de provação para humilhações que fortalecem, para ocasiões em que se exercita a si mesmo. A pobreza escolhida, reivindicada, radical, ocupa o espaço de uma provocação que não opera mais por meio de discursos edificantes, mas pela demonstração imediata, visível, de um modo de vida.

Jean Genet acrescenta a essa força da provocação uma outra dimensão ao ocupar outros lugares de "infâmia": a miséria (aquilo que está além da pobreza), a homossexualidade, a delinquência.[4] Penso mais uma vez no desafio que Genet se propôs, narrado em seu *Diário de um ladrão*, cuja ideia lhe surgiu no momento do opróbrio, quando estava na colônia de Mettray, que recebia jovens delinquentes (para "reabilitá-los", "corrigi-los"):

---

**4** Sobre Jean Genet, para além da imensa contribuição de Jean-Paul Sartre (*Saint Genet, ator e mártir*, trad. Lucy Magalhães. Petrópolis: Vozes, 2002), podemos recorrer às preciosas análises de Didier Eribon em sua *Morale du minoritaire* (Paris: Flammarion, 2015), bem como ao belo artigo de Chloé Vettier, "Honte et transparence: écrire sa honte, de Rousseau à Genet" (in *SELF XX-XXI – Journée d'études "Ombres et transparences"*, out. 2018).

## 164 A vergonha revolucionária

Cruelmente sentia vergonha de estar com a cabeça raspada, vestindo uma roupa infame, de estar proibido de sair daquele vil lugar.[5]

Como, então, "sobreviver à desolação"? Genet decide se dedicar a uma "rigorosa disciplina", o que ele chama de seu "exercício espiritual", um método ético particular, um desafio proposto a si mesmo:

O seu mecanismo era mais ou menos o seguinte (a partir daquela época eu o utilizarei): a cada acusação feita contra mim, até mesmo injusta, do fundo do coração, responderei sim.[6]

Não se trata de eliminar a vergonha nem de convertê-la em orgulho, mas de capturar a afronta em pleno voo e fazer dela uma alavanca, ocupar o espaço criado pelo insulto ("Eu me reconhecia o covarde, o traidor, o ladrão, o veado que viam em mim")[7] para ocupá-lo, reapropriar-se dele. Mas não falamos de forma alguma de uma interiorização que leva à resignação dolorosa e ao desprezo de si – quando terminamos por aceitar coincidir com o conteúdo do insulto. Trata-se mais de uma introjeção vigorosa, tomada como um desafio imposto a si mesmo e aos outros: sim, eu serei "o covarde, o traidor, o ladrão, o veado", mas o serei mais excessivamente, mais afetadamente ainda do que vocês jamais ousaram imaginar em suas representações estigmatizantes. O que não significa exatamente operar a transformação alquímica da vergonha em orgulho, mas se enfiar *livremente* na vergonha,

---

**5** Jean Genet, *Diário de um ladrão* [1949], trad. Jacqueline Laurence. Rio de Janeiro: Record, 1968, p. 190.
**6** Ibid.
**7** Ibid.

insistir *voluntariamente* no opróbrio. Naquilo que vocês me designam como infame, responde Genet, faço um jardim de delícias, um espaço de criação e de gozo, uma caixa de música lírica. Ao me rejeitarem, vocês me livraram das amarras da banalidade e da mediocridade.

Após dois anos de respeito escrupuloso a essa disciplina, Genet constata, "eu era forte".[8] E "tornei-me abjeto".[9] O aviltamento assumido, poeticamente reivindicado, vai perturbar, inquietar, incomodar o estigmatizador, cujo gesto de exclusão acaba por escapar. Quero te eliminar, purificar, rejeitar, diz o estigmatizador, mas com a condição de continuar secretamente a dominar, controlar sua degradação, fazer dela o elemento atualizado de minha afirmação, de minha superioridade. Tornado abjeto, o humilhado escapa de sua condenação, faz de sua condição de rejeitado um elemento de transgressão, uma possibilidade de gozo que, no entanto, fascina, e então é aquele que condena que se percebe aprisionado em sua postura, forçado a ver se agitarem fragmentos de sua própria verdade no aviltamento do outro e descobrindo-se prisioneiro de sua hipocrisia, enquanto o estigmatizado, ele, rindo em sua vergonha, descobre-se livre sob essa estranha luz.

> Pelo menos, pensava eu, se a minha vergonha é verdadeira, dissimula um elemento mais agudo, mais perigoso, uma espécie de dardo que sempre há de ameaçar aqueles que a provocam.[10]

Quarto processo: a purificação. Agora, trata-se de fazer ouvir, ressoar, calar na vergonha sua parte de pura raiva.

---

**8** Ibid.
**9** Ibid.
**10** Ibid., p. 55.

## 166    A vergonha revolucionária

Retomo o relato de Primo Levi em *A trégua* sobre a libertação do campo de Auschwitz. Os alemães abandonaram o campo pouco antes da chegada das tropas soviéticas. Quatro jovens soldados russos a cavalo se aproximaram e, pouco a pouco, descobrem os pavilhões destruídos, cadáveres por todos os lados e, enfim, os sobreviventes, abatidos e famintos, com o olhar vazio, para além de qualquer cansaço. O que Primo Levi vê passar por seus olhos é a piedade, sem dúvida, a compaixão, mas também – e mais estranhamente, opressivo e que os emudece –, um incômodo, um constrangimento: a vergonha. E essa vergonha, ele diz reconhecê-la:

> Era a mesma vergonha conhecida por nós, a que nos esmagava após as seleções, e todas as vezes que devíamos assistir a um ultraje ou suportá-la: a vergonha que os alemães não conheceram, aquela que o justo experimenta ante a culpa cometida por outrem, e se aflige que persista, que tenha sido introduzida irrevogavelmente no mundo das coisas que existem, e que a sua boa vontade tenha sido nula ou escassa, e não lhe tenha servido de defesa.[11]

O justo se envergonha quando percebe, dolorosamente, sua impotência diante de uma degradação humana cujo espetáculo o atinge. É algo bem diferente da indignação, essa raiva virtuosa e ao final reconfortante, uma postura tranquilizadora que instala a boa consciência em nossos corações. Indignamo-nos estrepitosamente, denunciamos em alto e bom som a injustiça, estamos seguros de nosso direito e do direito dos outros, fazemos um espetáculo. Por ser sofrimento, a vergonha é muda: uma ruptura entre a grandeza do ultraje e o sentimento de impotência. No relato de Primo Levi, a vergonha unifica os prisioneiros exaustos, exangues, e os jovens

---

**11**  Primo Levi, *A trégua* [1963], trad. Marcos Luchesi. São Paulo: Companhia das Letras, 2010, p. 10.

soldados russos atônitos, paralisados diante do espetáculo dessa humanidade em pedaços, incapazes de cumprimentar ou sorrir, mesmo que eles mesmos representem a liberação, a vida nova, a salvação. Ela traça os contornos, imprecisos mas insistentes, de uma comunidade política.

Encontro a mesma inspiração quando James Baldwin descobre em Paris uma fotografia que Douglas Martin tirou de Dorothy Counts, a primeira estudante negra admitida na Harding High School. O fotógrafo mostra a jovem chegando na escola cercada por uma multidão que se diverte, odiosa, de jovens brancos bem penteados.

> Foi então que eu vi essa foto. Exposta em todas as bancas, nas sombras desse grande bulevar, as fotos de Dorothy Counts, aos quinze anos, nos encarando. A multidão a xingava e cuspia enquanto ela chegava para a aula, em Charlotte, na Carolina do Norte. Um orgulho, uma tensão e uma angústia indizíveis podiam ser lidos no rosto daquela garota no momento em que ela se aproximava do templo do saber, carregando sobre as costas os sarcasmos da História. Fiquei furioso, fui tomado pelo ódio e pela piedade. E tive vergonha. Um de nós deveria ter estado lá com ela.[12]

*Deveríamos ter estado lá, com ela.* A vergonha é um marcador de solidariedade. Raiva e ódio contra a ignorância do mundo, contra a maldade cruel dos privilegiados, mas também raiva muda contra si: o que eu fiz para impedir isso? Nada.

Os filósofos gregos identificaram a raiz da vergonha no *thymos* (o coração), o que não deve ser entendido de forma sentimental, mas dinâmica, assim como falamos de "coração aberto": ardor, energia de transformação de si e do mundo, combustível da existência.

---

12 James Baldwin, *Eu não sou seu negro*, textos reunidos por Raol Peck e Robert Laffont/Velvet Film, 2017.

## 168 A vergonha revolucionária

Através desse enraizamento tímico, para os gregos a vergonha se torna irmã da raiva, essa raiva que para Aristóteles não significa nunca um ataque irracional, uma fuga excessiva, uma explosão pulsional. Retomo mais uma vez sua definição: "Seja, então, a raiva o desejo, acompanhado de tristeza, de vingar-se ostensivamente de um manifesto desprezo por algo que diz respeito a determinada pessoa ou a algum dos seus, quando esse desprezo não é merecido".[13]

Aristóteles introduz uma tristeza na raiva (*meta lupês*) cujo matiz é o mesmo da vergonha. *Sofremos* o julgamento redutor, a humilhação que desvaloriza, o revés mortificante. E imediatamente a raiva faz surgir um desejo de revanche: eu não sou o que vocês me dizem ser. O desprezo é uma negação da justiça. A raiva faz ouvir o estouro das potências de vida se debatendo contra esse aprisionamento. Não, definitivamente não posso ser reduzido a essa caricatura, eu não sou esse estereótipo desprezível que vocês apontam!

Aquilo que pode ser sentido inicialmente como exasperação dolorosa, raiva que nos mina, que continua a existir apenas como violência voltada contra si, pode ser purificado, sublimar-se ao tomar a forma de uma raiva política, coletiva, orientada.

Se a vergonha pode ser revolucionária, é porque ela participa de uma raiva contra o mundo, contra si, mas também porque funciona na imaginação. É preciso imaginação para ter vergonha. Em sua forma mais desastrosa, estéril, desoladora, paranoica, a imaginação leva nossa vergonha para passear no jardim dos outros: o quanto eles devem me desprezar agora, ou ainda pior, se queixar de mim; ouço as risadas gozadoras, suas zombarias atrozes, suas caras enojadas. Não quero mais falar, não quero ver ninguém. O confronto com os outros, sua presença, seria uma catástrofe. A imaginação me condena à solidão assim que é colocada a serviço da tristeza.

---

**13** Aristóteles, *Retórica das paixões* [séc. IV AEC], trad. Ísis Borges B. da Fonseca. São Paulo: Martins Fontes, 2000, p. 7.

**169**

Mas a raiva não inflamou a vergonha o bastante. Uma imaginação ruim. A boa imaginação se levanta com o chamado das chamas, redesenha nossos traços identitários, inventa novos, inventa solidariedades, modela a raiva. Ela é potência de reconfiguração, projeção: não, eu não sou nem uma garota patética nem um coitado, valho muito mais do que o seu desdém. A imaginação é dinâmica, ela me descentraliza. Rousseau dizia que a piedade supunha um movimento, já que se trata realmente de sair de nós mesmos, de nos transportar no outro ("não sofremos em nós, mas nele").[14] Da mesma forma, o espetáculo das humilhações, as tentativas patéticas de uma para não perder a dignidade, o afundamento inelutável do outro no ridículo, não me deixam incólume: tenho vergonha por ele, me sinto mal por ela, minha imaginação me transportou ao centro devastador de seu pânico.

Imaginar é sair de si, dilatar-se, multiplicar-se. Quando Gilles Deleuze evoca a frase de Primo Levi sobre a "vergonha de ser um homem", os exemplos que lhe ocorrem não são exemplos de vergonhas vividas, mas esses momentos nos quais temos vergonha *pelos outros*. Ele evoca as reflexões lastimáveis de um motorista de táxi racista, e tem vergonha por ele, isto é, ele se coloca em seu lugar, ocupa o lugar do homem do ressentimento, apodrecido pela frustração e pelo ódio, e com isso se aterroriza. Esse movimento é o da imaginação.

É a imaginação que descola, separa, destaca da realidade seu princípio de aceitação. Quando queremos definir a realidade,

---

**14**  Jean-Jacques Rousseau, "Ensaio sobre a origem das línguas : em que se fala da melodia e da imitação musical" [1781], in *Rousseau: escritos sobre a política e as artes*, trad. e org. Pedro Paulo Pimenta. São Paulo: Ubu Editora, 2020, p. 311. Para uma análise mais completa do sentimento em Jean-Jacques Rousseau, cf. *Emílio ou Da educação* [1762], trad. Sérgio Milliet. São Paulo: Bertrand, 1992.

## 170 A vergonha revolucionária

falamos de "materialidade", de "resistência", de "coerência", de "eficiência" etc. Perdemos, portanto, esse pequeno elemento que passa despercebido, tantas vezes silenciosamente, esse ingrediente discreto, mas capital: o princípio de aceitação. Quando dizemos que alguma coisa ou alguma situação são *reais*, é preciso prestar atenção ao discurso que sussurra nas entrelinhas: Vamos, vamos, não vá se cansar, pare de lutar, é essa a realidade, é preciso resignar-se, conformar-se, aguentar, aceitar. Pare de se revoltar. Aquilo que se chama realidade na boca dos poderosos, quando pronunciam essa palavra com um ar hipócrita, uma falsa lassidão e uma verdadeira suficiência ("O que é que você quer, as coisas são assim..."), é exatamente o que é preciso aceitar. De todas as formas, as injustiças sociais, as discriminações iníquas, isso sempre existiu. Ganhe o seu salário mesquinho, faça seu trabalho, abaixe a cabeça, diga a si mesmo que você tem sorte, aceite o trabalho sujo e diga que, de todo modo, se não fosse você, outro o faria em seu lugar.

Contra isso se apresenta a potência da imaginação que ruge: não é porque algo é real que devemos aceitá-lo. A verdadeira banalidade do mal não é – ou não somente – "a falta de pensamento", como escreveu Hannah Arendt. Seria dar muita importância ao pensamento – sua potência, sua ascendência sobre nossas vidas, nossas decisões. A raiz da banalidade do mal está na carência dessa imaginação que me coloca no lugar do outro ou que me faz ver outros mundos possíveis. De resto, todo o sistema social, a cultura de massa, funciona como empreitadas para *desencorajar* a imaginação.

Logo depois de escrever "a vergonha é um sentimento revolucionário", Marx continua: "E se toda uma nação realmente tivesse vergonha, ela seria como um leão que se encolhe para dar o bote".[15]

---

**15** Karl Marx, carta a Ruge, mar. de 1843 ("Na Treckschuit, para D."), in *Sobre a questão judaica*, trad. Nélio Schneider. São Paulo: Boitempo, pp. 63-64. Citação completa: "O sr. me olha com um meio sorriso nos lábios

Tudo está aí: a raiva, o devir-animal, a dimensão coletiva, a transformação concomitante de si e do mundo. A vergonha, oscilação dolorosa entre tristeza e raiva, tem um destino duplo: o destino sombrio e frio que desfigura, conduz à resignação solitária; o destino luminoso e incendiário que transfigura, anima a raiva coletiva. A Comuna é a explosão de vergonha-raiva após a ruína provocada pelos prussianos.

> A Comuna lhe parecia como vingança das vergonhas sofridas, como salvadora que traz consigo o ferro que amputa e o fogo que purifica.[16]

As duas principais "raízes da violência", escreveu Salman Rushdie, são "a vergonha" e "a falta de vergonha".[17] E não são a mesma violência.

---

e pergunta: 'E o que se ganha com isso? Vergonha não leva a nenhuma revolução'. Eu respondo: a vergonha é um sentimento revolucionário; ela de fato é a vitória da Revolução Francesa sobre o patriotismo alemão, pelo qual ela foi derrotada em 1813. Vergonha é um tipo de ira voltada para dentro. E se toda uma nação realmente tivesse vergonha, ela seria como um leão que se encolhe para dar o bote. Admito que nem a vergonha existe ainda na Alemanha". Trad. modif.

**16** Émile Zola, *La Débâcle*, 1892, cap. VII.

**17** Salman Rushdie, *Vergonha*, trad. José Rubens Siqueira. São Paulo: Companhia das Letras, 2010.

# Sobre o autor

Frédéric Gros nasceu em 1965 em Saint-Cyr-l'École, na França. Graduado pela École Normale Supérieure de Paris, defendeu em 1995 o doutorado em filosofia na Université Paris-Est Créteil (Paris XII), onde lecionou por mais de duas décadas. Estuda a filosofia francesa contemporânea e é um dos maiores especialistas na obra de Michel Foucault da atualidade. Desde 2013, é professor de teoria política no Institut d'Études Politiques de Paris (Sciences Po) e integra o centro de pesquisas políticas da mesma faculdade. Publicou, entre outros, os livros *Le Principe sécurité* (2012), *Possédées* (2016), organizou o quarto volume da série *História da sexualidade*, de Foucault: *Les Aveux de la chair* [As confissões da carne], publicado pela Gallimard em 2018. Em português, foram publicados *Foucault: a coragem da verdade* (Parábola, 2002), *Estados de violência: ensaio sobre o fim da guerra* (Ideias e Letras, 2006), *Desobedecer* (Ubu Editora, 2018) e *Caminhar: uma filosofia* (Ubu Editora, 2021).

Dados Internacionais de Catalogação na Publicação (CIP)
Elaborado por Vagner Rodolfo da Silva – CRB-8/9410

G877c  Gros, Frédéric [1965-]
    A vergonha é um sentimento revolucionário / Frédéric Gros; traduzido por Walmir Gois / Título original: *La honte est un sentiment révolutionnaire*.
    São Paulo: Ubu Editora, 2023. 176 pp.
    ISBN 978 85 7126 079 5

1. Filosofia. 2. Psicanálise. 3. Vergonha. 4. Sentimentos.
I. Gois, Walmir. II. Título.

2023-1734                                    CDD 100   CDU 1

Índice para catálogo sistemático:
1. Filosofia 100   2. Filosofia 1

*Cet ouvrage, publié dans le cadre du Programme d'Aide à la Publication année 2022 Carlos Drummond de Andrade de l'Ambassade de France au Brésil, bénéfcie du soutien du Ministère de l'Europe et des Affaires étrangères et de l'Institut français.*

Este livro, publicado no âmbito do Programa de Apoio à Publicação ano 2022 Carlos Drummond de Andrade da Embaixada da França no Brasil, contou com o apoio do Ministério francês da Europa e das Relações Exteriores e do Institut Français.

TÍTULO ORIGINAL: *La honte est un sentiment révolutionnaire*
©Éditions Albin Michel, 2021
©Ubu Editora, 2023

PREPARAÇÃO Gabriela Naigeborin e Humberto do Amaral
REVISÃO Carolina Hidalgo Castelani
DESIGN Flávia Castanheira
COMPOSIÇÃO Nikolas Suguiyama
PRODUÇÃO GRÁFICA Marina Ambrasas

EQUIPE UBU
DIREÇÃO EDITORIAL Florencia Ferrari
COORDENAÇÃO GERAL Isabela Sanches
DIREÇÃO DE ARTE Elaine Ramos; Júlia Paccola,
     Nikolas Suguiyama (assistentes)
EDITORIAL Bibiana Leme, Gabriela Naigeborin
COMERCIAL Luciana Mazolini; Anna Fournier (assistente)
COMUNICAÇÃO / CIRCUITO UBU Maria Chiaretti;
     Walmir Lacerda (assistente)
DESIGN DE COMUNICAÇÃO Marco Christini
GESTÃO CIRCUITO UBU / SITE Laís Matias
ATENDIMENTO Micaely da Silva

UBU EDITORA
Largo do Arouche 161 sobreloja 2
01219 011 São Paulo SP
ubueditora.com.br
professor@ubueditora.com.br
🅵 🅾 /ubueditora

FONTES  Apercu e Tiempos
PAPEL  Pólen bold 70 g/m²
IMPRESSÃO  Margraf